半月傳

王擎天 著

目錄

第一部　秦國爭霸

第三部　戰國無雙

英雄輩出的燦爛年代

在中國歷史的長河中，曾經有過這樣一個時期：政治局面錯綜複雜，社會經濟急劇變化，軍事戰爭層出不窮、學術文化空前燦爛。這個時代就是春秋戰國。

在這段諸侯並起，混亂又精采的時期裡，無數的英主、賢臣、名將、謀士、刺客和思想家競相登場，或者圖謀稱霸各國、號令天下；或者醉心功成名就、富貴榮華；或者追求經世濟民、安邦定國。為了一展抱負，他們馳騁縱橫、各領風騷；為了獲得重用，他們出謀劃策、奔走游說；為了實現理想，他們忍辱負重、嘔心瀝血。這些性格鮮明、自由奔放的亂世英傑，不僅左右著當時的局勢發展，更深深影響了往後的歷史軌跡。

如今，烽煙和號角早已遠去，所有的熱血與激情也隨時空遞嬗，逐漸掩沒在漫漫黃沙之中；僅餘冰冷的史官文字將部分痕跡捕捉進典冊。透過影視與文學作品的創作與再現，我們或許可以藉此感受當時的歷史氛圍、品味那些愛恨情仇；但戲說終究不是史實，若想更進一步了解真正的春秋戰國，考據嚴謹的史學著作仍是必要的。

王博士過去已有《賽德克巴萊——史實全紀錄》、《都鐸王朝——英國史實全紀錄》、《蘭陵王與陸貞傳奇——大動盪

的魏晉南北朝》、《武媚娘傳奇——稱霸東亞的隋唐史》，幾本兼具娛樂性與知識性的通俗史學著作。此次推出的大作《羋月傳——秦國史實全紀錄》，除了深入淺出地為讀者梳理秦國從發跡到統一天下的過程，也以故事性極強的敘述方式，使春秋戰國時的英雄人物躍然紙上；只消捧讀一頁，風譎雲詭的天下便在眼前！

劉河北
交通大學通識教育中心　副教授

呼風喚雨的無名太后

2008 年，我偶然看到一部關於秦俑的紀錄片，片中提到兵馬俑的主人可能不是秦始皇，而是秦宣太后。當下我立刻去翻查史料，想要了解這位太后究竟是何許人也，竟會讓研究者作出這樣大膽的假設。

數年後，《芈月傳》拍成了電視劇，秦宣太后成了「芈月」。其實文獻中並沒有留下秦宣太后的名字，只知道她性芈，是秦惠王的嬪妃之一，封為「八子」，因此便稱她為「芈八子」。芈八子也不是楚王所生的公主，僅僅只是個家道中落的貴族後裔。這樣一位出身不高，連名字都沒有留下紀錄的女性，竟然在戰國時期的秦國政壇呼風喚雨四十多年，奠定了日後秦國統一天下的基礎，實在無法不令人對她感到好奇。

可惜，史書上對秦宣太后著墨甚少，寥寥數筆記載，實難以窺其全貌，小說與影劇也僅是作者與編劇的想像；沉浸於螢幕中的劇情起伏之餘，也不免心生遺憾。然而，春秋戰國本就是個風起雲湧、諸侯並起、英雄紛陳的時代，無數膾炙人口的經典故事和琅琅上口的成語典故，都出自這個時期。而在宣太后之前就已慢慢蓄積能量，在她掌政之後更是漸漸破繭而出的秦國，原本只是個地處偏僻，且被中原各邦視為蠻夷的小國，卻能在鄰國環伺之下逐漸成長，最後力壓群雄、統一中國，秦

國是如何一步一步達到這樣的成就，這部分也讓人想一探究竟。

　　我在前一本史學著作《武媚娘傳奇──稱霸東亞的隋唐帝國》中，以人物為主軸，帶領讀者進入精彩的隋唐盛世中遨遊；這一部《羋月傳──秦國史實全紀錄》，我同樣是以平易淺白的文字，來講述紛亂複雜、精采多姿的春秋戰國人物故事。

　　本書立足於正史，綜合各家之言，重建並還原那段歷史，期許將當世群雄們最真實的樣貌，都展現在讀者面前。

王擎天　於台北上林苑
歡迎至擎天部落格 chintian.pixnet.net 分享你的歷史觀點

中外歷史演進圖

中國	世界

三皇五帝的神話時代 — — 埃及開啟舊王國時代 (3200B.C.E.)

— 兩河蘇美人出現 (3000B.C.E.)

夏朝開始 (2070B.C.E.) — — 埃及進入中王國時代 (2000B.C.E.)

— 漢摩拉比法典完成 (1700B.C.E.)

商朝開始 (1600B.C.E.) — — 埃及進入新王國時代 (1600B.C.E.)

盤庚遷都城於殷 (1300B.C.E.) —

西周開始 (1046B.C.E.) —

— 希臘城邦出現 (900B.C.E.)

春秋時代開始 (770B.C.E.) —

— 亞述帝國興起 (700B.C.E.)

— 羅馬王政時代開始 (754B.C.E.)

— 羅馬共和時代開始 (570B.C.E.)

— 波斯帝國建立 (539B.C.E.)

三家分晉 (453B.C.E.) —

戰國時代開始 (403B.C.E.) —

— 亞歷山大帝國建立 (336B.C.E.)

秦滅六國 (221B.C.E.) —

第一部　秦國爭霸

第一章
從鳥蛋到稱霸：女修～穆公

上古時代的中國歷史充滿著神話色彩。進入夏商周三代，開始發展出特有的文化及社會制度，由蠻荒漸漸走入文明社會。西周時期，秦國開始慢慢嶄露頭角，從不受重視的邊陲之地，成為雄霸西方的強國，春秋時甚至還出了五霸之一的秦穆公，不僅讓秦國躋身強國之列，也為統一中原揭開了序幕。

吞蛋生子的女修

女修是中國上古時期五帝之一的顓頊女兒或孫女。《史記・秦本記》中記載，女修在紡織的時候，飛來一隻玄鳥（黑色的燕子）並生了一顆蛋，女修吞下玄鳥之卵，竟產下一個兒子，名為大業。

女修吞蛋生子一事，以現代人的觀點來說雖然匪夷所思，但這樣帶有神話色彩的故事，卻更增添了後人的想像空間。

助禹治水的大費

大費原名伯益，是大業的兒子，因深得舜的器重，被封於費，故又稱大費。大費為官時功績卓越，被賜姓嬴，是為嬴姓的始祖，也是春秋戰國時秦國與趙國的祖先。

大費在帝舜時期與禹共同為官，因擅長狩獵及畜牧，被任命為虞官，主要工作就是管理草木鳥獸。相傳大費精通鳥

獸語，各種鳥獸都被他馴服。大費最突出的功績，是輔佐禹治水有功，當時舜論功行賞，給了大費一面玄玉錦旗，並預言大費的子孫將大大興旺起來。大費還教導人民農業技術、發明鑿井。鑿井技術的發明具有重大的意義，人民不再需要定居在河流邊，因此可遠離水災的威脅。

政治上，當時的帝位傳承為禪讓制度，也就是將帝位讓與天下賢能之人。舜禪讓給治水有功的禹，而大費則輔佐在側。但當禹欲將帝位禪讓給大費時，禹的兒子啟卻想爭奪繼承權，並與大費發生衝突。此段歷史眾說紛紜，一說禹是虛傳帝位於大費，實則希望自己兒子繼位；一說是啟欲奪帝位而將大費殺死。

無論何種說法才是正確，可以知道的是，大費從此消逝於政治舞台，而禪讓政治也被世襲制度所取代，開啟了階級化的社會制度。

為商湯駕車的費昌

大費共有兩個兒子，長子為大廉，次子為若木。若木是費氏的祖先，費昌則是若木的玄孫。

費昌是當時在夏王朝頗有聲望的一位賢臣。暴君夏桀當政之際，奸臣當道，朝中瀰漫著荒淫奢侈、糜爛腐敗的氣息。夏桀對政事不聞不問，任由國家衰敗，日夜與美女在宮中飲酒作樂。他打造了一個頗具規模的酒池，不但可以在裡頭行船，還常常發生有人喝醉而溺死的荒唐事。費昌十分憂心國家的現狀，多次進諫，夏桀不但不聽，還暗中命人將他入獄待斬，費

昌不得已只好舉家逃至商國。

　　當時的商國以成湯為首領，早已厚植實力準備舉兵與夏桀一爭天下，費昌的加入更讓商國如虎添翼。成湯任命費昌為自己的駕車衛士，並以他為開路先鋒，統兵伐夏，費昌不負所託，於鳴條之戰中大敗夏桀，為商朝的建立打下基礎，也因此在殷商時期，嬴姓的後代子孫多為諸侯，印證了舜當時對大費所說的預言。

鳥身人言的中衍

　　中衍是大費的另一個兒子大廉的玄孫，據《史記‧秦本紀》的記載，中衍鳥擁有像鳥的身體，但卻能說人話！

　　當時的時代已進入商朝，並由太戊主政。太戊聽聞竟然有像中衍這樣的奇人，便想讓中衍來給自己駕車，不過在這之前，太戊還是先卜了一卦，確認此舉是吉是凶，所幸卜出個吉卦，才順利把中衍請來駕車。中衍表現相當不俗，太戊還給中衍娶了個妻子。

　　由此可見，所謂鳥身人言，應該是史書上對於中衍外觀的一種形容，並非真的擁有鳥的身體。

事奉紂王的蜚廉、惡來父子

　　蜚廉、惡來父子為中衍的後代，《史記‧秦本紀》中記載，兩人皆有特殊能力，蜚廉善奔跑，惡來則武勇過人，力大無窮。父子兩人憑著過人的天賦得以事奉紂王。

　　周武王伐紂，於牧野之戰大敗紂王，惡來雖被殺，但其武

勇形象已流傳後世，最著名的就是三國時期曹操的近衛典韋，因以勇猛著稱，在《三國演義》中稱典韋為「古之惡來」。

蜚廉則因受紂王之命出使北方逃過一劫，但也成為一個無家可歸的人。當蜚廉在霍太山上祭祀紂王時，神奇的事情發生了：一口石棺憑空出現，上頭還刻著銘文，寫著天帝讓你不因殷商的敗亡而犧牲，更要保祐你的後代興旺，蜚廉因此便在霍太山終其一生。

善於管理馬匹的非子（前900年～前858年）

非子為惡來的第五代子孫，其父名為大駱。西周孝王時，非子住在犬丘一地，據《史記‧秦本記》記載，非子善於養馬，只要是非子養出來的馬匹，無不是又壯又俊。

當時的周孝王為了抵禦北方戎狄侵略，實行富國強兵政策，並請非子替他管理馬匹。非子果然不是浪得虛名，沒過幾年時間，馬匹的數量便大大增加，不但量多且質優。周孝王非常滿意，為表彰非子的功勞，便想廢大駱的嫡子成，另立非子為繼承人；但礙於大駱與西戎有姻親關係，成的外祖父申侯從中作梗，以西戎與周朝的和睦關係為由，使周孝王打消念頭。

於是周孝王便將秦地賜給非子，號稱秦嬴。此時的秦國還只是一個封地不足五十里的附庸國，要等到秦襄公時，才正式被列為諸侯。

公伯（前847年～前845年）、秦仲（前844年～前822年）

公伯與秦仲父子均為西周時期秦國的君主。公伯僅在位三

年，史書上極少記述其事跡，僅大略知道他是非子的後代，秦仲的父親。

秦仲在位共二十三年。當時的西周，厲王暴虐無道，施行專利政策，壟斷山林川澤的一切收益，並大殺議論朝政之人，使國人走在路上都不敢開口說話，只能以眼神來示意。前842年，國人聚眾暴動，衝進王宮，試圖殺掉厲王；厲王只好逃出鎬京。此時西戎見機不可失，便開始侵略西周，四處燒殺擄掠，侵入犬丘一地時，殺害了秦仲祖先的族人。待周厲王之子周宣王即位後，秦仲終於得到報仇的機會。周宣王命秦仲率兵攻打西戎，可惜造化弄人，秦仲在與西戎交戰的過程中不幸身亡，只能留待後人再為他一雪前恥。

雖然秦仲在與西戎交戰中身亡，但他對西周及秦國還是有不可抹滅的功勞，秦國也在秦仲在位時漸漸強大起來，為後世奠定了強盛的基礎。

西垂大夫秦莊公（前821年～前778年）

秦莊公，名其，秦仲的長子。秦仲於攻打西戎時身亡，莊公繼位，領導秦國長達四十四年。

雖然秦仲伐西戎遭遇挫折，但也更加深了周宣王要與西戎一定勝負的決心；於是他把秦莊公及其兄弟都召集起來，準備與西戎決一死戰。此次周宣王特別在戰力上援助秦國七千名士兵，對當時的社會來說，七千名士兵絕對不是一個小數目，即便時序進入春秋，這樣大規模的兵力動員也極為少見。秦莊王在這樣雄厚戰力的幫助下，終於擊敗了西戎，為自己的父親報

仇雪恨。雖然沒有徹底解決西戎的威脅，但至少讓其不再如此猖獗。

擊敗西戎後，秦國收復了被霸占多年的西垂之地，周宣王封秦莊公為西垂大夫，秦國在秦莊公在位期間，局勢平穩，國力持續穩定發展。

開始被列為諸侯的秦襄公（前777年～776年）

秦襄公為秦莊公之次子，秦莊公的長子因長年討伐西戎，故將太子之位讓給秦襄公，秦襄公也是秦國第一位被正式列為諸侯的君主。

秦襄公在位僅十二年，但秦國在這期間的躍進，充分展現了秦襄公的政治智慧。他即位初期，秦國依然飽受西戎的威脅，秦襄公為求生存，便將親妹妹嫁給西戎王為妻，再將都城往東遷移，秦國勢力因此東移，更加深了與周王室的關係。藉由和親及東遷兩項政策，讓秦國獲得更多發展及喘息的空間。

當時的西周已進入末期，周幽王荒淫無道，寵愛妃子褒姒，屢次點燃烽火召集諸侯，將諸侯軍隊騙至京師，只為了讓褒姒開心。周幽王還想廢王后申后及太子宜臼，立褒姒為后，褒姒之子伯服為太子。玩火自焚的後果便是眾叛親離，當申后之父申侯聯合外族犬戎入侵，沒有諸侯願意來援救。犬戎攻破都城鎬京，周幽王被殺死，史稱犬戎之禍；此事也是西周與東周的歷史分界點。當時的秦襄公曾率兵救援周朝，立有大功。

幽王死後，諸侯共立太子宜臼即位，為周平王，並將都城東遷至雒邑，開啟東周時期。秦襄公因救援周朝及護送周平王

東遷有功，被周平王封為諸侯，並允諾若秦國能將犬戎趕走，則被占有的土地便歸秦國所有。

雖然秦襄公在討伐西戎時突然去世，但他帶領秦國所獲得的成就，已讓秦國躋身大國之列。

雄才大略的秦文公（前765年～前716年）

秦文公為秦襄公之子，秦襄公於伐西戎時去世，便由秦文公繼位，在位長達五十年。

秦文公在政治和軍事上頗有成就。政治方面，公元前753年，秦文公設史官以記載國家大事，並讓百姓受到教化；法律上，於前746年設立誅滅三族的刑罰。軍事方面，秦文公營建城邑，並在前750年攻打西戎，西戎因此敗逃，秦國的地盤也擴展到了岐山。秦文公還收留了周朝遺民，將岐山以東的土地獻給周平王。

史書上除了秦文公的雄才大略，也記載許多神異之事。如秦文公於公元前756年夢到一條黃蛇，據說為天帝的象徵。前747年，秦文公在陳倉山遊獵時，獲得一塊名叫陳寶的異石，相傳神明出現時，會發出如雷鳴般的聲響，雞會跟著鳴叫，因此被稱為雞鳴神。前739年，秦文公派人砍伐一棵大梓樹，但怎麼樣都砍不斷，原來是樹中住有一隻青牛，後來秦文公派人披頭散髮，用紅絲線繞住樹幹，穿著赤褐色的衣服，才將樹砍到，並嚇跑青牛。相傳這就是為何秦漢、魏晉在君主、帝王出宮時，前方設有披頭散髮的開道武士「髦頭」由來。

十歲老大秦憲公（前715年～前704年）

秦憲公為秦文公之孫，因秦文公之子秦靜公於公元前718年去世，故立秦憲公為太子，秦憲公即位時年僅十歲，在位十二年。關於秦憲公這個稱謂，在史書中有記載為秦寧公，部分人認為是寧與憲兩字相似所造成的錯誤，故此處以秦憲公稱之。

秦憲公十歲那年就當上了秦國的老大，以一般人的觀點應該都認為秦憲公不會有什麼作為，但隔年秦憲公就將都城遷至平陽，並出兵征伐西戎部落之一的毫戎都邑蕩杜，迫使毫戎逃亡，且一舉攻滅蕩杜。難以想像，這是一個十歲孩童可以辦到的事。

短命的秦出子（前703年～前698年）

秦憲公有三個兒子，長子為武公，次子為德公，憲公之妾魯姬子則生了幼子秦出子。出子五歲即繼位，在位僅短短六年。

秦出子算是政治鬥爭下的悲劇人物，秦憲公去世後，三位臣子弗忌、威壘和三父決定廢掉太子武公，另立出子繼位。出子此時才五歲，毫無治國的能力。更悲慘的是，出子在位最後一年，也就是他十一歲那年，前述三人派出刺客將其殺害，立原太子武公繼位。可憐的出子，就這樣結束其短暫的人生。

首開活人殉葬風氣的秦武公（前697年～前678年）

出子被殺害後，三公立秦武公繼位，秦武公與出子不同，已非懵懂無知的幼童，深知不可再讓這三人濫權，故於繼位的

第三年便將三公殺害，且下令誅其三族，將大權回歸於王室，也為可悲的出子吐了一口怨氣。

秦武公在位二十年，除了為弟復仇，也做了不少開先河的大事。他先後征服多個戎族部落，並在所占領的地方設立縣制，開始管理所得之地。秦武公多次對戎族用兵所帶來的成果，讓秦國的勢力達到關中渭水流域。

秦武公死後葬於平陽，他首開活人殉葬的風氣，為他陪葬的人數多達六十六人，是秦國第一位使用活人陪葬的君主。

殺狗避暑的秦德公（前 677 年～前 676 年）

秦武公去世後，群臣並未擁立秦武公的兒子公子白即位，而是立秦武公的弟弟秦德公即位。秦德公時年三十三歲，在位兩年即過世。

雖然秦德公只在位兩年，但卻高效率地完成兩件大事。其一就是將都城遷至雍城，從此以後，雍城作為秦的都城長達三百多年之久。其二便是在曆法中設立伏日，所謂伏就是避盛暑的意思。當時的人們認為熱氣會產生蠱，必須用狗血才能祛除，於是秦德公下令將狗殺死肢解，並懸掛狗的肢體於城池四周，成為一種非常另類的避暑方式。

秦國的各項制度，在秦武公、秦德公時期已大致有了雛形，奠定了秦國國力開始快速發展的堅固基礎。

與晉國結下梁子的秦宣公（前675年～前664年）

秦德公共生三子，每位都當了國君。秦宣公為秦德公長

子，德公過世後繼位，在位十二年。

　　秦宣公繼位後的第一年，周朝發生王室政變，當時周惠王強搶大臣的土地，造成周莊王的庶子王子穨的不滿，與衛國、燕國協力將周惠王趕出朝廷。秦宣公在這件事上選擇了以靜制動、靜觀其變，不介入任何一方，讓秦國得以持續穩定發展。也幸好秦宣公按兵不動，因為接下來秦國將面臨一個更為巨大的敵人，那就是晉國。

　　秦國與晉國是兩個快速發展的諸侯國，難以避免地會產生衝突。晉國自恃國力強盛，數次以武力入侵秦國，秦宣公忍無可忍，於公元前672年決定與晉國開戰。以往秦國所面對的敵人都是西戎蠻族部落，這是第一次與中原國家發生正面衝突，也因為秦國長年與西戎征戰，秦國兵士個個能征善戰，戰風彪悍，即便面對如晉國這般強大的敵人，還是將其擊敗。自此之後，秦國與晉國便結下了梁子，衝突便如家常便飯。

周王室後裔來朝見的秦成公（前663年～前660年）

　　秦宣公共有九個兒子，但卻沒有人繼承國君之位，反而由秦宣公之弟秦成公繼位，在位四年去世。

　　秦成公在位期間對秦國沒有多大的建樹，唯一值得提的是他繼位第一年，梁國與芮國的國君前來朝見。這兩國雖然只是周朝的小諸侯國，但卻是周朝王室的後裔，與周惠王流的是相同的血脈，這對地處偏僻的秦國及秦成公來說可是件大事。以往不受重視、只能與西戎打交道的蠻夷之地，經過此事之後，似乎開始慢慢與文明靠攏。

春秋五霸秦穆公（前659年～前621年）

秦穆公雖是秦德公最小的兒子，但卻是春秋時期秦國成就最高的國君。在位三十九年間，重賢愛才、外抗強敵、稱霸西戎，為秦國統一中國奠定基礎，被《史記》認定為秦秋五霸之一。

秦穆公使秦國強大的首要原因，就是他知人善任，開啟秦國任用客卿制度的先河，重用五羖大夫百里奚、蹇叔、相馬專家伯樂、由余等為謀臣；孟明視、西乞術、白丙乙等良將為將軍，可謂是安內攘外的最佳陣容。其中五羖大夫百里奚的故事，最能看出秦穆公的求才若渴及知人善任。

百里奚本是虞國人，虞國被當時的強權之一晉國滅亡之後，百里奚不願降伏晉獻公，遂至秦國淪為奴僕。沒想到百里奚不甘為奴，逃跑至楚國成為一個牧牛的人。秦穆公發現少了一個奴僕，本來也想不了了之，但朝中有一位晉國投奔過來的人叫公孫枝，告訴秦穆公百里奚是一個賢才，秦穆公便四處打探他的下落，最後發現百里奚在楚國牧牛。秦穆公決定用一份大禮，派人求當時楚國國君楚成王將百里奚送來，不過公孫枝認為萬萬不可，如果用大禮，便會讓楚成王知道百里奚為不可多得的人才。於是秦穆公就用五張羊皮求楚成王將這個逃跑的奴僕送回，楚成王不疑有他，樂於賣秦國這個人情，這也就是為何百里奚有五羖大夫這個稱號。

秦穆公時期，秦國與晉國的關係可說是剪不斷理還亂。首先是晉獻公將女兒嫁給秦穆公，而秦穆公也將自己同一個女兒先後嫁給晉懷公及晉文公，還扶植晉惠公及晉文公當上國君。

照理講兩家關係應該密不可分，但實際上反而大小戰爭不斷。晉文公過世後，兩家更撕破臉，發生了幾場大戰。這幾場戰爭秦國的大將都是孟明視、西乞術、白丙乙三人，初期屢戰屢敗，連百姓都看不下去；但秦穆公始終信任這三人，最後這三人抱著破釜沉舟的決心，終於擊敗晉國，使秦穆公奪得霸主的地位。

秦晉戰爭中還發生了一段小插曲。有一天，秦穆公的幾匹名馬脫逃，秦穆公四處尋找，最後發現有三百個農民把這些名馬吃掉了。農民本來以為難逃一死，然而秦穆公非但不生氣，反而將那些馬賞賜給他們下酒。後來秦穆公與晉惠公交戰，秦穆公被逼入絕境，眼看就要戰死，卻突然衝出三百騎兵助秦穆公脫困，秦穆公問他們是何方的軍隊，這些人回答他們就是當時的三百個農民，為感謝秦穆公的不殺之恩，因此不畏艱險救秦穆公脫離險境。秦穆公因平時的賢德，最終救了自己一命。

與晉國的戰爭告一段落後，由於晉控制住秦向東的進路，秦穆公便開始向西發展。當時秦國西方存在許多戎狄部落和小國，大多文化未開，且不相屬。他們常常為了生活而突襲秦國的土地搶奪糧食，秦穆公為此擬定了策略，計劃先從最強的部落開始下手，次第征服。當時最強的戎狄部落是綿諸，剛好綿諸王派了由余出使秦國，秦穆公隆重接待，並成功說服他歸順秦國。由余對戎狄部落瞭如指掌，幫助秦穆公西進滅掉十餘個部落，獲得廣大的領土，使秦國稱霸西戎。

秦穆公的功績確實配得上春秋五霸的名號，終春秋之世，秦國也無人能超越他的成就。美中不足的是，秦穆公死後，陪

葬的人數高達一百七十七人，是西周以來活人陪葬規模最大的
一次，其中不乏眾多社會上的精英，令國家痛失許多人才。

秦國大事紀：女修～穆公

大費	輔佐禹治水有功，被賜姓嬴，為嬴姓始祖、春秋戰國時秦國與趙國的祖先。
非子（前900年～前858年）	周孝王將秦地賜給非子，號稱秦嬴。
莊公（前821年～前778年）	擊敗西戎，被周宣王封為西垂大夫。
襄公（前777年～776年）	於犬戎之禍救援周朝及護送周平王東遷有功，被封為諸侯。
武公（前697年～前678年）	勢力達到關中渭水流域；首開活人殉葬風氣。
德公（前677年～前676年）	都城遷至雍，此後作為秦都長達三百多年。
宣公（前675年～前664年）	擊敗晉國，從此兩國征伐不斷。
成公（前663年～前660年）	周王室後裔梁國與芮國來朝見。
穆公（前659年～前621年）	稱霸西戎、抗擊晉國，成為春秋五霸之一。

第二章
內憂外患的黑暗期：康公～獻公

秦國自秦穆公之後，國力開始走下坡。此時外有晉國、西戎等強敵環伺，內有貴族權臣亂政，內外交困的局面，可說是秦國最黑暗的時期。直到戰國初期，秦獻公開始撥亂反正，才逐漸把秦國拉回正軌，展現爭霸天下的實力與野心。

與晉糾葛不斷的秦康公（前620年～前609年）

秦穆公去世後，其子秦康公繼位，秦康公在位十二年，為秦國與晉國交戰的高峰期，而秦國國勢也從秦穆公的顛峰開始走下坡。

秦康公在位前六年，與晉國發生了多場戰役：公元前619年，秦國捲入晉國王室紛爭，為護送晉襄公庶弟公子雍回國即位，發生令狐之戰；前617年晉國攻打秦國；前615年秦國攻晉的河曲之戰等。不論輸贏，連年戰爭都相當損耗秦國的國力。

另外，秦康公的母親是晉獻公的女兒，也是晉文公的姐妹，所以秦康公與晉文公為甥舅。秦康公為太子時，曾奉秦穆公之命，送晉文公重耳回國，送至渭陽時，秦康公作詩：「我送舅氏，曰到渭陽。」後世便以渭陽來比喻甥舅關係。

搶不到鋒頭的秦共公（前608年～前605年）

秦共公為秦康公之子。秦康公於公元前609年去世後，由秦

共公即位，在位四年。

因為在位時間短，且多半時間都在處理與晉國的紛爭，所以史書上對秦共公並無太多著墨；反倒是當時的春秋霸主楚莊王搶盡了鋒頭。秦共公三年時，楚莊王藉北伐之機，把楚國大軍帶到東周首都郊外閱兵，周定王急忙派使者前去慰勞，想不到楚莊王竟問使者周天子的九鼎有多大多重？這九鼎對周王朝而言乃天子權力的象徵，楚莊王此舉意在與周天子比量權勢，大有取代周天子的意味；這便是「問鼎中原」這四字的由來。

背棄盟約的秦桓公（前604年～前577年）

秦共公去世後，由秦共公之子秦桓公繼位，在位二十八年。

秦桓公時，依然持續與晉國爭戰，且越發激烈，但好運似乎不站在秦國這邊。公元前594年，秦晉在輔氏一地交戰，兩軍交戰正酣之際，突見一老人用草編的繩子將秦將杜回套住，杜回當場被俘，秦軍因此大敗。原來晉國將領魏顆的父親魏武子生前有一小妾，魏武子生病初期，令小妾改嫁他人，但當魏武子病入膏肓時，又要此小妾陪葬，魏顆決定聽從父親還清醒時的話，將小妾改嫁他人。而這老人正是小妾的父親，為了報魏顆救女之恩，這也是成語「結草銜環」中結草的由來。

晉國這邊，當晉厲公繼位時，想與秦國化干戈為玉帛，提議彼此休兵，於是約秦桓公至令狐一地結盟。秦桓公抵達令狐後，不親自渡河簽約，只派個大夫去結盟；晉厲公覺得秦國缺乏誠意，也只派了個大夫結盟。如此脆弱的互信關係，果然馬

上就有一方背棄承諾。秦桓公回國後，立刻聯合楚國與戎狄圖謀伐晉，此舉自然遭到世人唾棄，各諸侯國紛紛向晉國靠攏，連周王室都站在晉國這邊。公元前578年，各路諸侯與秦軍在麻隧一地交戰，秦軍大敗，險遭滅國之禍。

學爸爸背信的秦景公（前576年～前537年）

秦景公是秦桓公之子，在位統治秦國將近四十年。

秦景公承襲前人的傳統，與晉國繼續打來打去，彼此互不相讓。公元前562年，楚國攻打宋國，晉國為了救援宋國而攻打鄭國，秦國於是出兵救援鄭國，並在櫟邑一地擊敗晉軍。公元前559年，晉悼公為報櫟邑戰敗之仇，出兵攻打秦國，擊敗秦軍。晉悼公死後，秦晉都想結束戰爭，為此，秦景公與晉平公互派使者進行結盟；但秦景公也承襲了父親的那一套，立約後隨即就背棄盟約。雖然秦晉不斷發生戰爭，不過秦國此時的地位已非中原要角，而是晉楚之間互相爭奪霸主地位。

大國間的連續戰爭，帶給百姓及小國極大的壓力，如宋國因地緣位置夾在晉楚之間而深受其害，於是在公元前546年，宋國的大夫向戍召集各諸侯舉行弭兵之會，晉楚兩大強權在會後暫時停止爭霸。兩方達成協議，楚的從國要朝貢晉國，晉的從國也要朝貢楚國，而秦國身為楚國的盟國，不需向晉國朝貢；史稱「向戍弭兵」。弭兵之盟帶來的結果是戰爭開始大大減少，小國的壓力從戰爭變成經濟上的剝削，也反映了像宋國這樣的弱小國家，可以靠著外交手段在春秋的舞台上扮演重要的角色。

秦國雖然已非中原爭霸的主角，但其國力依然不容小覷，現今發掘到的秦景公陵墓，規格比照周天子的喪葬規範，不難看出當時秦國經濟的發達，國力之雄厚。

在旁邊納涼的秦哀公（前536年～前501年）

秦景公之子秦哀公在位共三十年。弭兵之盟後，整個國際情勢趨於和緩，五十多年間沒發生較大規模的戰爭；但晉楚兩個強權內部局勢卻異常動盪。

首先是晉國。當時晉國的王室衰微，六卿勢力強大而想互相吞併，國內暗潮洶湧。晉國連自己國內都搞不定，更遑論四處征戰了，所以秦晉間許久未曾發生戰爭。

楚國的問題比起晉國有過之而無不及，當時楚平王為了廢除太子健，誣指他謀反，並殺害太子健和其師伍奢一家。伍奢之子伍子胥為了報仇，帶著太子健的兒子公子勝輾轉逃至吳國，幫助吳國的公子光奪取王位，即吳王闔閭。公元前506年，吳王闔閭以孫武為大將，伍子胥為副將，向楚國進攻。在軍事奇才孫武的領軍下，勢如破竹一路攻至楚國都城郢都。當時楚平王已死，但伍子胥恨透了楚平王，竟將其屍首從墳墓中挖出來鞭屍！吳軍攻占郢都，楚人申包胥逃到秦國向秦哀公求救兵，秦哀公本不願出兵，想不到申包胥竟在宮門外連續痛哭七天七夜，終於打動秦哀公，幫助楚國擊退吳國。

秦國在這幾十年間，拜弭兵之盟及晉楚兩國的動亂，終於可以暫享和平，與民休息。

彗星不是掃把星的秦惠公（前500年～前491年）

秦哀公之子為秦夷公，但秦夷公未繼位就去世了，因此由秦夷公之子秦惠公繼位，在位九年。

秦國歷史上一共出現兩位秦惠公：一位是公元前399年至公元前387年在位，時序已進入戰國時期的秦惠公；另一位便是這裡要介紹的春秋時之秦惠公。秦惠公繼位那一年，天空出現了彗星，天現異象，看似有什麼大事要發生了；但其實秦惠公在位的這九年間，國內外情勢平穩，鮮少有大事發生。

什麼事也沒發生的秦悼公（前490年～前477年）

秦悼公為秦惠公之子，在位十餘年間，秦國沒有發生什麼大事，但國際情勢卻出現重大的變化。

晉楚兩大國國力漸衰，代之而起的霸主為吳國，吳國於吳王闔閭時攻打越國，遭越王句踐擊敗，吳王闔閭被射傷了指頭後竟重傷不治。子夫差即位為吳王後，勵精圖治準備為父報仇；而句踐則不聽范蠡勸阻，倉促之下搶先攻吳遭致大敗，只好獻上美女西施求和，並下詔罪己，到吳國當吳王的奴僕，親嘗闔閭的糞便，才取得吳王夫差的信任。三年後，句踐終於獲准回國，他勵精圖治，密謀復仇，終於在公元前482年滅亡吳國。吳王夫差求和不得，被逼得自殺；獲勝的句踐被周元王正式承認為霸主。

各國來朝的秦厲共公（前476年～前443年）

秦厲共公為秦悼公之子，公元前476年至公元前443年在

位，共三十四年。在此之前，秦國已幾十年未發生重大戰爭，與民休息的結果，使秦國國力迅速恢復強盛。

秦厲共公時期，時序已進入春秋時代的末期，國際情勢從一家坐擁春秋霸主，逐漸開始進入各國稱雄的時代。傳統強權晉楚兩國國力早已不如以往，晉國甚至內部開始分崩離析；而秦國，雖然面臨西戎及中原列強夾擊，但國內情勢穩定，只要減少戰爭，國力自然得以快速恢復。秦厲共公時，正好就處於這個狀態，所以相較於其他列強，秦國的國力相對強大，讓周邊小國包含蜀國、義渠，中原列強楚國、晉國等紛紛進貢。

另外值得一提的，是當時秦國與晉國的關係。春秋末年，晉王室的權力已被六卿凌駕，六卿想盡辦法要誅滅晉的公族，因此晉室實力越來越弱。公元前463年，勢單力薄的晉出公選擇向秦厲共公進貢，或許是期望與秦建立起良好關係，一旦國家出現危難，可以依賴相對強大的秦國救援以自保。另一方面，六卿之一魏氏的發展，可說與秦國息息相關，春秋末年，六卿互相傾軋，六卿中的范氏、中行氏被滅，實際上只剩智氏、韓氏、趙氏、魏氏四家，其中智氏實力最為堅強，並與秦國保有友好的往來，公元前453年，最強的總是成為眼中釘，三家合力盡滅智氏宗族，最後由韓、趙、魏瓜分晉國土地，史稱「三家分晉」。以往秦國東進之路最大的阻礙為晉國，當三家分晉之後，魏國就取代了晉的角色。秦厲共公時，秦國軍事實力尚能保持一定優勢，並在公元前467年擊敗魏國，但魏國在魏文侯的變法改革之後，秦國便開始趨居劣勢。

父債卻要子還的秦躁公（前442年～前429年）

　　秦躁公為秦厲共公之子，公元前442年至公元前429年為秦國國君，在位十四年。

　　秦躁公時，韓、趙、魏瓜分晉國剩餘的土地，只將絳與曲沃兩地留給晉幽公，從此韓、趙、魏稱為三晉，戰國初期的態勢在此時已可先窺見一斑。不過秦躁公也沒時間管別人家的事，秦厲共公在公元前444年時曾大舉對西戎部族義渠用兵，並攻陷其都城，俘虜其國王，秦躁公萬萬想不到前人結的怨，竟要自己來還，公元前430年義渠向秦國發起大規模的進攻，一直進兵到渭水才終於肯撤兵回師，隔年秦躁公便去世，由當時人在晉國的秦躁公之弟秦懷公繼位。

貴族強逼自殺的秦懷公（前428年～前425年）

　　秦懷公為秦厲共公之子，秦躁公之弟，秦躁公去世後，由秦國大臣們擁立當時人在晉國的秦懷公回國繼位，公元前428年至公元前425年在位，在位僅短短四年。

　　秦懷公在位的最後一年，也不知是秦懷公這個國君做得太差還是太顧人怨，秦國內部發生了一場政變，貴族大臣們突然開始群起圍攻秦懷公，逼得秦懷公走投無路，最後秦懷公並未能擺平這場政變，竟然走上自殺一途。由大臣們擁立秦懷公及政變這兩件事可看出，當時的秦懷公根本有名無實，無法掌控秦國的大權，而秦國的政壇，此時實際上是被權臣所把持住。

　　秦懷公對秦國沒有任何建樹，卻在秦國歷史中記上了一個「第一」的紀錄，不過這並不是什麼光彩的第一，而是第一位

自殺身亡的秦國國君。

確立黃帝公祭的秦靈公（前424年～前415年）

秦懷公自殺之後，因為太子秦昭子早死之故，秦國大臣們便擁立了秦懷公之孫秦靈公繼位，公元前424年至公元前415年在位，在位十年。

在秦靈公時期，魏國國君魏文侯的變法已開始漸漸有了成效，這對秦國而言，無疑增加了軍事上的強大壓力。公元前419年，魏國開始在少梁一地築城，秦靈公便立刻派兵攻之，兩軍交戰長達兩年。公元前417年，魏軍擊敗秦軍，再次在少梁築城，秦靈公則沿黃河修築防禦工事，阻止魏軍西進，此時期雙方交戰還算互有勝負，但秦魏對重要戰略據點的互不相讓，讓兩國的關係開始越變越緊繃。

中國歷史上對軒轅黃帝的公祭起源於春秋時期，秦靈公在公元前422年，在吳陽一地建立寺廟，也開始祭祀黃帝及炎帝，此後歷朝歷代都採用較高規格來祭祀黃帝，確立了黃帝為中華民族共同祖先的地位。

魏國是最大威脅的秦簡公（前414年～前400年）

秦簡公為秦懷公之子，秦靈公的叔叔，由於自秦厲共公後，秦國貴族權臣專權，國君廢立掌握在這些貴族權臣手中，所以秦靈公去世後，其子公子連未能繼位而流亡到魏國，由貴族權臣迎立當時人在晉國的秦簡公繼位。秦簡公公元前414年至前400年在位，在位十五年。

　　秦簡公時期，秦國對魏國的戰事開始屢戰屢敗，魏文侯任用名將吳起、李悝等進行改革，國勢逐漸強盛，分別在公元前413年、前412年以及前409年擊敗秦軍，完全占領秦國的河西地區，並設立河西郡，由吳起擔任首任郡守，秦簡公只有在公元前401年在陽狐一地擊敗魏軍，稍稍挣回一點顏面。

　　軍事上秦簡公乏善可陳，但政治、經濟上卻有不少改革動作。先是允許官吏、百姓佩劍，打破佩劍原本為國內貴族代表身分的象徵。在失去河西之地後，秦國失去重要的產糧地區，於是秦簡公改採土地按畝徵收租稅，這代表著秦國開始承認私有土地的合法性，也象徵著秦國自耕農及地主制度開始建立。

視吳起為心腹大患的秦惠公（前399年～前387年）

　　秦惠公為秦簡公之子，為秦國歷史上的第二位秦惠公，公元前399年至前387年在位，在位十三年。

　　秦惠公在位時，與魏發生多次戰爭，結果同樣是魏軍占盡上風，尤其是公元前389年發生的大戰，雖然《史記》中並未記載孰勝孰敗，但據說秦國派出五十萬大軍進攻魏國的陰晉，卻被魏軍名將吳起僅用士兵五萬、戰車五百輛、騎兵三千所擊敗。秦惠公只有在公元前387年，魏軍入侵秦國時，在武城擊敗魏軍，雖然贏了戰爭，但秦軍將領卻被俘虜，慘勝之下免除了被魏軍橫掃的命運。

　　其實平心而論，從公元前391年秦惠公派兵攻打韓國，奪取韓國六座城池，同年，楚悼王派使者帶大量金銀財寶與秦國交好結盟這兩件事中不難看出，秦國的軍事力量絕對不弱，只可

惜碰上兵家的代表人物，文武全才的吳起剛好投奔至魏國，幫助魏國變法成功，使魏國成為超級強國，秦國只好摸摸鼻子自認倒楣。

水中冤魂秦出公（前386年～前385年）

秦惠公去世後，由其子秦出公繼位，秦出公繼位時年方二歲，在位二年。

秦出公只是一個襁褓中的嬰孩，所以繼位後由太后主持朝政，太后重用宦官及外戚，引起群臣不滿，連百姓也議論紛紛。當時流亡在魏國的秦獻公得知消息後想返回秦國，但卻遭到太后的追殺，不過秦國士兵們並不站在太后這邊，轉而支持秦獻公，秦獻公率軍抵達秦國都城雍城，秦國群臣發起政變將太后及秦出公殺害，並沉入河中，改迎立秦獻公繼位。秦出公的悲慘命運，比起前人出子可說是有過之而無不及。

自秦厲共公以來，可以明顯發現秦國內政出現極大的問題，就是政權由貴族權臣所把持，國君的廢立都由他們一口說了算，內政不修，更別說對外想取得勝利，所以司馬遷在《史記》中明確的點出「秦以往者數易君，君臣乖亂，故晉復彊，奪秦河西地」就是在說明秦國的困局。

奪回王位的秦獻公（前384年～前362年）

秦獻公為秦靈公之子，由於秦國國政由貴族權臣所把持，所以當秦靈公去世後，權臣們迎立當時人在晉國的秦簡公繼位，身為太子的秦獻公被迫逃亡至魏國，無法繼位，直到秦出

公時太后亂政，才給了秦獻公一個絕佳的好機會。秦獻公在位二十三年間，是秦國重要的一個轉捩點，一改秦國內政不修，對外受辱的情勢，也為秦孝公時的商鞅變法打下良好的基礎。

秦獻公深知國內政治情勢，貴族權臣們會發動政變殺害太后及秦出公，擁立秦獻公，也是因應時勢變化，所以秦獻公繼位後決定遷都至櫟陽，一方面櫟陽商業、農業都頗為興盛，更是軍事要衝之地；另一方面則是要削弱國內權臣勢力，將三百多年來的政治重心從雍城遷至櫟陽。

秦獻公為了改變內外交困的局面，從內政及軍事兩方面進行大刀闊斧的改革。秦獻公首先廢除了自秦武公死後所開創的長達三百年的活人陪葬制度，秦武公死時陪葬人數六十六人，春秋五霸秦穆公更高達一百七十七人，其中不乏社會賢達之士，而且此制度除了王室，連一般中小貴族也開始興盛，造成秦國人口的流失及民眾的負擔，所以秦獻公繼位第一年，就頒布禁止殉葬的法令。隨後，秦獻公制定了「設縣」、「初行為市」、「戶籍相伍」三項重大政策。

秦國早在秦武公時期，就在新征服的地區設縣來加強控制，秦獻公時依樣畫葫蘆，更首創在國都櫟陽設縣，以加強中央集權和顧及軍事需求。秦獻公在公元前378年頒布初行為市的政策，就是允許國都進行商業活動；其實秦國商業活動早已存在多時，秦獻公只是將其制度化，制定各項商業法規，同時宣布稅率及徵收方式，以增加秦國的財政收入。秦獻公在公元前375年頒布戶籍相伍的政策，就是將秦國人口重新編列戶籍，五戶人家編為一伍，方便國家在徵員、賦稅上統一管理。這看似

平凡的政策，其實背後隱藏了一個重要的涵義，秦國國內人口包含了西戎等部落的民眾，秦獻公重新編戶籍時則不分種族，打破界限，提高了一般認知上野蠻人民的地位。

在軍事上，秦國對魏國的戰爭，終於開始打勝仗了。在公元前366年，魏國在武都築城，被秦國打敗，同年，秦獻公又擊敗了韓、魏兩國的聯軍。秦獻公最大的勝利，是在公元前364年在西門山大敗魏國軍隊，斬首人數超過六萬，這是秦國對魏國戰爭以來的首次重大勝利，周顯王特別派特使祝賀，並封秦獻公為「伯」。隔年，秦獻公又再次擊敗魏國軍隊。秦獻公能夠戰勝魏國的軍隊，除了內政改革有方，使國力恢復之外，另一個重要原因是與秦國戰爭的同時，魏國一面也在東進，讓秦獻公有機可乘，等到魏國東方戰事告一段落之後，秦國便無法再越雷池一步。由此可知，秦獻公雖然讓秦國國力增長，但論實力還是略遜魏國一籌。

即便秦國還不足以與魏國抗衡，但秦獻公在內政上的改革，軍事上的貢獻，都讓秦國走出這幾十年間內外交困的局面，開啟一個全新的氣象。

秦國大事紀：康公～獻公

桓公（前604年～前577年）	聯合楚國與戎狄圖伐晉，與各諸侯國戰於麻隧，大敗，險遭滅國之禍。
簡公（前414年～前400年）	魏文侯變法成功，占領河西地區，秦國失去重要產糧地。
獻公（前384年～前362年）	遷都櫟陽並設縣，削弱國內權臣勢力；大敗魏國，被周顯王封為伯。

第三章
富強之路：孝公～昭襄王

　　秦獻公的改革為秦國打開了一個新局，承襲的後人也沒有讓前人失望，從秦孝公至秦昭襄王，在內政及軍事上都有令人激賞的傑出表現。秦昭襄王時期，不得不提起秦宣太后（芈月），她是開啟中國歷史女人攝政的第一人，靠著卓越的政治智慧及鬥爭手段鞏固自己及秦昭襄王的勢力，更懂得利用身為女人的優勢為秦國取得利益，如此富有傳奇性的一生，值得後人再三回味。

靠商鞅變法成強國的秦孝公（前361年～前338年）

　　秦孝公為秦獻公之子，公元前361年至前338年在位，在位二十四年。秦孝公時期秦國進行了著名的商鞅變法，讓秦國富裕強大，甚至足以與魏國相抗衡。

　　秦孝公繼位時年僅二十一歲，但卻擁有無比的雄心壯志，致力於霸業。秦孝公的首要目標就是富國強兵及收復被魏國奪走的河西之地。為此秦孝公頒布了著名的求賢令，希望賓客群臣能夠提供富國強兵之策。衛國人商鞅在衛國不受重用，聽聞秦孝公的求賢令，便前去投奔秦國。一開始商鞅與秦孝公談王道、霸道之術，秦孝公都不感興趣，直到後來商鞅與秦孝公談富國強兵之策，才深得秦孝公之心獲得重用，由此可見秦孝公的意圖。

商鞅得到重用後，開始分三個步驟進行改革。首先秦孝公於公元前359年頒行墾草令，主要內容為重農抑商，並削弱貴族、官吏的特權，此改革多少受到秦國守舊派的阻礙，但為商鞅後續的全面變法打開了序幕。商鞅於公元前356年開始進行第一次變法，除了延續墾草令中的重農抑商政策，並改革戶籍、實行連坐法、制定律法、廢除世卿世祿制、明訂獎勵軍功的辦法等等。在頒行新法之前，商鞅為了取信於民，就在南門立起一根三丈長的木頭，告訴百姓若有人能將木頭搬到北門就可獲得十兩賞金，但是百姓都不相信有這種好事，於是商鞅將賞金增加到五十兩，終於有個人將木頭搬至北門，商鞅立刻賞賜此人五十兩，藉此詔告天下令出必行，絕不欺騙也絕不寬容。

在第一次改革中可以明顯看出，商鞅身為一個法家的指標性人物，對於制定嚴刑峻法可說是再拿手不過的事，以連坐法為例，全國五戶為一伍，十戶為一什，讓民眾互相監視，如果其中有一戶犯罪而其他人不告密的話，將連坐處腰斬之刑，告密者則可獲得獎賞。

商鞅變法確實有其成效，秦國開始逐漸強大起來。公元前350年，秦孝公命商鞅營造新都咸陽，並展開第二次變法，第二次變法的內容主要在於土地改革、允許土地私有及買賣、推行縣制、賦稅改革、統一度量衡及禁止走後門做官等等。經過二次變法，秦國國內百姓富裕、治安良好，軍事力量也大幅提升。不過對於商鞅本人，因為制定嚴酷刑法、打擊貴族，所以招致許多人的怨恨，秦孝公死後，商鞅被誣陷謀反，在戰場上戰死，其屍身還被帶回咸陽處以車裂之刑，並被秦惠文王下令

誅其全族。

　　國際情勢上，在商鞅進行第一次變法的同時，其餘戰國六雄也在進行國內的大改造，這代表小國已喪失生存空間，七個割據勢力開始更激烈的鬥爭。秦孝公一直想將失去的河西之地收復，所以不斷地與魏國發生戰爭，公元前354年，秦孝公乘著魏、趙交兵之際出兵攻魏，並取得勝利。公元前352年，秦國攻陷了魏國的河西重鎮少梁，斬首七千，隔年又圍攻固陽城，逼得魏國放棄東進策略，全力對付秦國，魏國確實不是省油的燈，舉兵三十萬攻秦，秦孝公自知不敵魏國，只好與魏國講和。經過商鞅的第二次變法後，秦孝公於公元前341年，命商鞅與齊、趙一起攻魏，魏國派公子卬與商鞅戰於西鄙，商鞅評估情勢，認為此戰難以迅速取勝，便寫信給公子卬，希望藉昔日交情商量罷兵一事，公子卬萬萬想不到這只是個騙局，待公子卬赴約時將他俘虜，並乘魏軍無大將時擊潰魏軍，魏國在這一敗後，可說是元氣大傷，將部分河西之地割讓給秦國以求和。

　　秦孝公於公元前338年去世，雖然在他有生之年未能達成收復河西之地的心願，但秦國經過商鞅變法的成功及軍事上的勝利，如脫胎換骨一般，成為富裕強大之國，也成為各國的眼中釘。

六國合縱仍不動搖的秦惠文王（前337年～前311年）

　　秦惠文王為秦孝公之子，姓嬴名駟，公元前337至前311年在位，秦惠文王於公元前324年改公稱王。

　　秦惠文王身為太子時，曾一度觸犯法令，以商鞅令出必行

的方針，即便身為太子仍難逃刑法。因太子不能受墨刑（在臉上或額頭上刺字），所以就處罰太子的師傅，秦惠文王對此一直心懷不滿。繼位之後，商鞅功高蓋主，百姓只知商鞅，而不知道秦惠文王，再加上有人告發商鞅謀反，新仇舊恨湧上心頭，秦惠文王便藉此機會殺害商鞅，以鞏固自己的地位。

秦惠文王一心想完成父親收復河西之地的遺願，所以初期的戰略方針就是東進伐魏，此時秦國的戰力已非同小可，接連幾場戰爭都獲得勝利。公元前330年，秦國在公孫衍的領兵之下，逼使魏國將河西之地還給秦國，更在前328年，再以強大攻勢使魏國割讓上郡十五縣給秦，至此秦惠文王將河西之地連本帶利的討了回來，達成先父之願。

秦惠文王中期的戰略方針，是聽從公孫衍之意見，暫停東進伐魏，轉向西進平定義渠，以免除東西夾攻之勢。義渠為當時最強的遊牧民族政權，以優異的騎兵機動性對秦國邊境進行劫掠，使秦國防不勝防。秦惠文王對付義渠的方式，就是將牧草焚燒殆盡，遊牧民族擔心牛馬羊缺乏糧食而餓死，便不敢靠近牧草被燒光的地區，於是秦惠文王乘勝追擊，公元前327年使義渠伏首稱臣，大大削弱義渠的力量，也使西方的壓力減少許多。

公元前324年，秦惠文王在張儀的推動之下稱王，造成其他六國的強烈恐慌。其實秦惠文王並非當時第一個稱王的國君，但秦惠文王有秦國強大的軍事力量後盾，使六國萌生一種外交及軍事策略，組成一個聯合防禦陣線，共同抵抗西方的秦國向東發展，稱為合縱。面對六國的聯合抗秦，秦惠文王此時期的

戰略方針，是採用張儀的連橫策略，分化六國並各個擊破，公
元前318年，從秦國投魏的公孫衍倡導，發起由楚懷王為盟主
的楚魏韓趙燕五國攻秦之戰，但被秦惠文王派樗里疾破五國聯
軍，斬首八萬。由此可見，合縱本身是一個脆弱的連結，各國
之間存在著長久以來的矛盾，彼此心懷鬼胎，各有所圖，再加
上張儀的連橫政策，更讓這紙糊的聯盟一吹就破，無怪乎秦惠
文王如此老神在在。

　　自秦孝公求賢令以來，秦國用人政策不唯秦人，秦惠文王
時重用公孫衍、張儀、魏章、司馬錯等外籍能臣，除了體現秦
惠文王的慧眼識英雄之外，更代表著秦國成為一個泱泱大國的
風範。

舉鼎而死的秦武王（前310年～前307年）

　　秦武王為秦惠文王之子，在位僅短短四年。

　　秦武王在位時間雖短，卻完成了二件大事，第一件大事是
首創在秦國設置丞相的官職，命甘茂為左丞相，樗里疾為右丞
相，丞相即為秦國除秦武王之外的最高行政長官。第二件大事
則為攻克韓國的宜陽。秦武王時期，秦國已非常強大，秦武王
自然有問鼎中原的野心，若要進占周室取而代之，勢必要經過
韓國的土地，所以秦武王於公元前308年派甘茂進攻宜陽，宜
陽畢竟是個大縣，集中了大量的兵力及物資，甘茂苦戰之下，
終於在隔年攻克宜陽，斬首六萬，迫使韓襄王謝罪求和。攻占
韓國重鎮宜陽後，秦武王大喜，親自前往宜陽巡視，並直入洛
陽，以窺周室。

秦武王抵達洛陽後，周赧王派使者向秦武王致意，秦武王卻直入太廟觀看九鼎，九鼎名稱各有不同，秦武王看到雍州之鼎時，問守鼎官吏是否可攜回咸陽？守鼎官吏回答此鼎重達千斤，無人可搬動，這倒讓秦武王起了興致。秦武王生來就高人一等，體格壯碩，好與他人比角力，所以一班大力士如任鄙、孟賁等都受到秦武王重用，齊人孟賁尤其以武勇著名，鬥牛時還曾經徒手拔出牛頭上的牛角。秦武王觀鼎時，任鄙、孟賁也跟在身邊，秦武王問二人是否可舉起秦鼎，任鄙推辭，但孟賁卻上前將鼎舉起離地半尺，秦武王不甘示弱，心想你孟賁可舉起，難道我秦武王不行？秦武王遂不顧任鄙極力勸阻，上前同樣將鼎舉起離地半尺，不過秦武王好勝心強烈，認為這樣頂多只是打個平手，如果能再往前走個幾步，才能讓孟賁心服口服，於是秦武王盡平生之力，奮力向前邁出一步，然而這鼎實在太重，秦武王再也無法負荷，力盡鬆手將鼎放下，好死不死這鼎竟砸落在秦武王的腳上，把秦武王的脛骨當場壓斷，血流不止，眾人連忙將秦武王抬回公館接受醫治，秦武王挨到半夜依然回天乏術，不治身亡。孟賁也被追究舉鼎之罪，處車裂之刑並誅三族，任鄙則因勸阻有功而加官進爵。

秦武王在宜陽之戰前曾對甘茂說，如果能夠一睹周朝王城的雄偉壯麗，即便死去也心甘情願，想不到這句秦武王雄心壯志、意有所指的話語，竟真的讓秦武王付出了寶貴的生命。

奠定一統天下基礎的秦昭襄王（前306年～前251年）

秦昭襄王嬴稷為秦惠文王之子，秦武王之弟，公元前306年

至前251年在位，在位長達五十五年。秦武王舉鼎而意外死去，因秦武王並無子嗣，造成秦國王室短暫發生王位之爭，當時嬴稷在燕國做人質，由趙武靈王用計送回秦國，再在母親宣太后及宣太后之弟魏冉的支持下，繼承秦國王位，可謂一波三折。

　　秦昭襄王時期，秦國雄霸一方，六國間只能靠脆弱的合縱策略勉力抵抗。公元前296年，由孟嘗君倡導，並發動由齊湣王為盟主的齊魏韓三國攻秦之戰，此戰秦軍雖然戰敗，但無損其軍事實力，反倒是魏國、韓國因為得罪秦國，在前294年被白起在伊闕一地大敗二國聯軍，斬殺二十四萬人，魏韓遭到近乎毀滅性的打擊。公元前279年，白起攻破楚國都城郢都，楚國自此國力潰散，不能復戰。秦昭襄王任命范雎為丞相後，採用范雎的遠交近攻策略，把韓、魏作為首要兼併目標，而與齊國保持良好關係。在公元前262年，秦國與趙國發生著名的長平之戰，此戰一開始由秦國名將白起對上趙國名將廉頗，趙國軍隊在廉頗的統御之下，成功抵擋秦國的攻勢，不過秦國使用反間計，讓趙孝成王用趙括替代廉頗，最終遭致大敗，秦國坑殺趙卒近四十萬人，讓趙國元氣大傷。長平之戰過後，已確立六國中沒有任何一國有能力單獨與秦國作戰。

　　秦昭襄王在位五十五年之久，當中也發生了不少關於秦昭襄王有關的小故事，公元前298年，齊湣王派孟嘗君出使秦國，秦昭襄王聽聞孟嘗君有才能，想留下他做官，但大臣們勸秦昭襄王找個藉口將孟嘗君殺掉，以絕後患，於是秦昭襄王將孟嘗君軟禁起來。孟嘗君知道後，求助於秦昭襄王最寵愛的妃子，但妃子的條件是用齊國國寶狐白裘做為報酬，這可難倒孟

嘗君了，因為孟嘗君已將狐白裘送給秦昭襄王當見面禮，此時
孟嘗君門下的一個門客卻說包在他身上，便將狐白裘偷來送給
妃子。妃子想方設法讓秦昭襄王放棄殺孟嘗君，並說好兩天後
送孟嘗君回齊國，孟嘗君哪裡等得了兩天，他立刻率手下離開
秦國，行經函谷關時正值深夜，按秦國法規，雞鳴時才能開關
放行，此時孟嘗君又有一個門客學起雞叫，士兵聽到雞鳴聲，
便傻傻地打開關隘的門，讓孟嘗君順利回到齊國，這便是成語
「雞鳴狗盜」的由來。

公元前283年，趙惠文王取得了和氏璧，秦昭襄王得知後，
派人通知趙國願意以十五座城池交換和氏璧，趙國不敢得罪秦
國，但又怕秦國不守信用，正當不知所措之時，藺相如表示願
意出使秦國，如果秦國反悔，也可以帶和氏璧回國。藺相如到
了秦國，看出秦昭襄王無意割讓城池，便稱此和氏璧有瑕疵，
要指給秦昭襄王看，藺相如接過和氏璧後，走到柱子旁，憤怒
說道如果秦國背信，他寧可將和氏璧一頭撞碎，秦昭襄王怕藺
相如真的撞碎寶玉，於是假意拿地圖畫了十五個趙國不可能得
到的地方，藺相如看穿秦昭襄王的計謀，便要秦昭襄王齋戒
五日才奉上寶玉，以拖延時間。在這五日內，藺相如派人偷偷
將和氏璧送回趙國，秦昭襄王齋戒完後準備接納和氏璧，藺相
如卻說已將和氏璧送回趙國，若真有誠意，請秦國先割讓城池
再向趙國討和氏璧，秦昭襄王大怒，本想殺了藺相如，但又不
想打破與趙國的關係，只好讓藺相如返回趙國，此即「完璧歸
趙」的由來。

秦昭襄王繼位之初，因年紀尚輕，由宣太后垂簾聽政，並

以異父弟魏冉為丞相。宣太后有著高明的政治智慧及鬥爭手段，魏冉也非常有才幹，提拔名將白起統帥秦國軍隊，若說宣太后及魏冉專政，秦昭襄王有名無實的話，未免太小看秦昭襄王的本事。固然做為國君無法與秦穆公、秦孝公相提並論，光彩也被宣太后、白起、范雎等人掩蓋，但秦昭襄王在位時重創六國軍力量，為秦國統一天下舖好一條康莊大道，在秦國漫長的統一過程中，扮演重要的傳承角色。

秦國大事紀：孝公～昭襄王

孝公（前361年～前338年）	商鞅變法後成強國；大敗魏軍，收復部份河西之地。
惠文王（前337年～前311年）	完全收復河西之地，並使魏國割讓上郡十五縣；令義渠伏首稱臣；採張儀建議稱王，破六國合縱之策。
武王（前310年～前307年）	攻克韓國重鎮宜陽，直入洛陽以窺周室。
昭襄王（前306年～前251年）	宣太后攝政四十年；採范雎遠交近攻策略重創六國軍力；秦趙長平之戰，白起坑殺趙卒四十萬人。

第四章
巾幗傳奇：秦宣太后羋月

　　秦宣太后姓羋，又稱羋八子，秦惠文王之妾，秦昭襄王之母，是目前所知中國歷史上最早實際執政的太后。歷史劇《羋月傳》就是在講述她傳奇的一生。

助子奪位

　　羋八子出身王室貴族，「羋」是楚國的國姓。但「八子」並不是她的名字，而是她嫁給秦惠文王後得到的封號。史料記載，秦國後宮分為八級：王后、夫人、美人、良人、八子、七子、長使、少使，八子地位僅排名第五，是當時宣太后的封號。後來漢朝也沿用了這套制度，並把八子等同於男性官員中的「中更」一級，比五大夫還高兩級，等於侯爵，可見作皇帝的小老婆待遇其實很高。大家可以想像一下，張良給劉邦立下了多少功勞，最後就是個留侯的爵位，可是在秦漢，一旦受皇帝寵愛，就很有可能被賜予侯爵待遇。

　　「羋八子」在老公秦惠文王在世的時候，地位雖然不高，但她卻生下了三個兒子，由此推斷她可能是一個比較受秦惠文王寵愛的女人，也因此惹得王后不高興。秦惠文王一死，王后就和繼位的兒子秦武王合謀，將羋八子的心肝寶貝——大兒子嬴稷送到燕國去當人質。燕國是個小國，和秦國並不接壤，國力上更談不上和強秦抗衡；秦國怎麼會把一位王子派到那裡去

當人質？原因很有可能是秦惠文王的王后很討厭這個受丈夫寵愛的女人，就在丈夫死後以此來報復她。羋八子母子的命運雖然急轉直下，卻沒有一蹶不振、黯然退場，反倒在不久之後就有轉機，終在秦國史上留下值得紀錄的一筆。

秦惠文王辭世以後，秦武王只在位四年就因舉鼎而死。秦武王年紀很輕，後宮妻妾尚未生育兒女，因此王位便成為諸弟們爭奪的目標，造成秦國內亂，這一亂就是三年。對王位爭奪有準備的兩批人：一是秦惠文后和兒子秦武王的嫡妻武王后，婆媳倆人共謀，要擁立公子壯為王；另一批就是以羋八子為首的利益集團。原來羋八子早就看出以秦武王的荒唐性格早晚會出事，而自己的兒子也都在壯年，很有可能繼任為王；所以羋八子為助子奪位，一方面私下聯繫燕國和趙國，讓他們在外圍造勢，推舉在燕國的公子嬴稷回國即位。在燕國當人質的嬴稷被燕、趙兩國密送回到秦國。原先燕、趙兩國只是想讓秦國情勢更加動盪而已，這個目的短期來看也確實達到了，但趙國不知道正是這個舉動，埋下後來長平之戰毀了整個趙國的遠因。另一方面，羋八子也拉攏並重用在秦的同母異父弟弟魏冉，使他成為最可靠的外戚。

魏冉早在秦惠文王時期，就已在秦國任職，這時便挺身而出，和姐姐以及背後撐腰的燕、趙兩國一起，擁立自己的外甥公子稷為王。秦國內亂因此而起，這場王位爭奪戰長達三年，史稱「季君之亂」。魏冉所代表的公子稷一方最後勝出，由於羋八子在助子奪位的過程中，明智地創立了將軍一職，並由弟弟魏冉擔任，她對親黨的合理利用得到回報，公子稷托母親和

舅舅的福，成為新一任秦王。而公子壯、秦惠文后以及惠文王其他兒子們，都被魏冉殺盡，秦武王后也被趕回娘家魏國。

本來按照嫡長之分，怎麼說也輪不到羋八子這個小小姬妾坐大，但她的膽識、才幹和手段卻在助子奪位上展現，成功連結內外兩股勢力，在王位爭奪戰中獲勝。羋八子終於翻身，成為堂堂的秦宣太后，她的兒子公子稷也成了秦昭襄王。

太后攝政，任親用才

因為秦昭襄王年幼，便由宣太后代理主政，魏冉輔政。

秦宣太后是開啟中國歷史女人攝政的第一人，在中國歷史上，「太后」這個稱謂始見於她，王母專權亦自她而開始，實為千古太后第一人。羋八子成為宣太后時約莫三十歲，其後她掌權的四十年間，為後來秦國發展奠定重要基礎。而秦宣太后掌權後的首要目標，就是鞏固秦昭襄王的地位。此時，雖然國內大局已定，但各國都在觀察秦國的動態，準備伺機而動。

為穩固兒子的王位，她運用「聯姻」手段，使秦昭襄王迎娶自己母國楚國的公主為王后，同時也將秦女嫁與楚國，拉近秦、楚兩國的關係；加上和趙、燕兩國的關係也不錯，因此免去了被趁亂入侵的危機。

內政方面，她大舉任用自己的娘家人。在楚懷王的推薦下，宣太后讓自己母親的族人向壽擔任秦國的宰相。力保外甥為王厥功甚偉的宣太后同母異父弟弟魏冉又升官了，他掌握軍權，並被封為穰侯，封地在穰，後來又加上陶邑。還有一位宣太后的同父弟弟羋戎，被封華陽君，封地先是陝西高陵，又

改封新城君，封地也變成了河南密縣。而宣太后的另外兩個兒子，當然也要封。公子市封為涇陽君，封地在今陝西涇陽，後來又換了一塊封地是宛；公子悝封為高陵君，封地在陝西高陵，後來又換封地為鄧。魏冉、羋戎、公子市、公子悝四人合稱「四貴」。

　　若從大封四貴的舉動，就批評宣太后任人唯親，藉此擴張自己的勢力，就未免太侷限了。從「四貴」增加的封地可以知道，這些外戚的封地，原先都不屬於秦國的疆域，很明顯是掠奪來的，因此可知宣太后掌權時期，為秦國擴張了多少國土。穰、宛、鄧三地，是公元前301年和前291年分別從韓國攻戰得來；而新城則是公元前300年從楚國掠奪而來；山東定陶本來是齊國的。

　　除了擴展秦國領土，宣太后也相當重視人才，武安侯白起就是魏冉發掘出的人材，但若沒有秦宣太后的認可，恐怕白起也只能在魏冉那裡做個馬前卒。白起幾乎為秦國屠盡了趙國的男人，當長平一戰結束之後，趙國君臣肯定為自己當年護送公子稷歸國，幫助宣太后奪權的舉動後悔不已。宣太后也繼承了秦國先輩愛引入外援的特點，想從外國引入更多人才，她率先看重的就是齊宣王的庶弟孟嘗君。其實請孟嘗君來秦國本來是宣太后的建議，讓秦國可以多一個賢士，沒想到卻讓自己的兒子秦昭襄王給搞砸了。但我們也因此可知宣太后的眼光獨到，因為如果能重用孟嘗君，他帶來的恐怕不只是他個人的智慧，而是一個擁有眾多奇人異士的輔政團隊。可惜的是，秦昭襄王沒有母親的眼光和見識，並受讒言所擾，失去多得賢士輔佐的

機會。

雄才大略，殺情夫奪國

　　宣太后論政風格自由奔放且有其獨到的見解。公元前307年，楚懷王派兵包圍韓國的雍氏，長達五個月不能攻克。韓襄王多次派使者向秦國求援，但秦國軍隊一直不出崤山，按兵不動。韓襄王又派尚靳出使秦國，尚靳以唇亡齒寒的道理勸說秦國派兵救援。而宣太后因為楚國是自己的故鄉，不同意派兵救援，她召見尚靳對他說：「當年我服侍秦惠文王時，大王把大腿壓在我的身上，我會感到身體疲倦。而他整個身體都壓在我身上的時候，我就不感覺到重和累。為什麼呢？因為這樣做對我有好處。秦國要幫助韓國，如果兵力不足，糧草不濟，就無法解救韓國。解救韓國的危難，每天要耗費數以千計的財物，這對我和秦國又有什麼好處呢？」宣太后說得很明白，那就是對我有好處的我就做，對我沒好處的我就不做。韓國使者拿嘴唇牙齒來比喻，誰知宣太后直接用床第之事比喻，朝堂之上，可以想見韓國使者當時的語塞。清朝的王士楨評論宣太后這段語錄認為，這樣的淫詞濫語，出於婦人之口，入於使者之耳，還記載於國史之上，真是奇上加奇。論政風格自由奔放至此，實令人瞠目結舌。

　　這件事還有後續發展。話說韓襄王第一次派尚靳出使說服不成，於是再派張翠出馬遊說秦國丞相甘茂，說韓國目前的狀況並不危急，但是一旦危急就有可能投靠楚國。甘茂認為韓國一旦投靠楚國，韓、楚兩國就會挾持魏國來危害秦國，因此他

建議昭襄王立刻出兵援救韓國。這一次，宣太后不再勸阻兒子出兵援救韓國，因為衡量情勢，對秦國勢力確有威脅。秦出兵後，楚國即撤軍。由此可知，宣太后的腦筋是很清楚的，她知道權衡局勢下決策。

前287年，齊、趙、韓、魏、楚等五國合縱攻秦未能成功，諸侯在成皋停戰。秦昭襄王想讓韓國公子成陽君兼任韓、魏兩國的國相，韓、魏兩國不同意。宣太后透過穰侯魏冉向昭襄王建議不要任用成陽君。因為成陽君曾因秦昭襄王的緣故困居於齊國，在他窮困的時候，秦昭襄王沒有任用他，現在成陽君受寵，秦昭襄王又要任用他，成陽君恐怕不會答應；而秦昭襄王任用成陽君，韓、魏兩國也不會同意，將有損秦國與韓、魏兩國的關係。秦昭襄王聽後便打消了這個念頭。

宣太后的政治手腕，也絕非一般後宮妃子可及。義渠是東周時期活躍於涇水北部至河套地區的一支古代民族，與秦國長期交戰對峙，惠文王在世時，攻下義渠幾十座城池，義渠因此國力大損，並表示臣服於秦。但秦昭襄王繼位，年幼勢弱，前來朝賀的義渠王年輕力壯，桀驁不馴，對新秦王感到不屑，大有反叛之意。在這種情勢下，外有六國，內政不穩，如果北方的義渠再起而作亂，肯定動搖國本。為此，宣太后決定以一國太后身分，善用女性優勢，與義渠王暗通款曲，讓他成為自己的情夫。此舉堪稱是利國利民，犧牲小我，完成大我。這段關係一發展就是三十幾年，宣太后還為義渠王生了兩個孩子。因為宣太后籠絡住義渠王三十多年，使得秦國能夠無後顧之憂，在諸國的征戰間，屢有斬獲。這段關係的建立既然是為了壓抑

義渠王反叛的心，那麼當秦國國力蓄積到足以和義渠對抗的時候，就是結束的時候了。公元前272年，宣太后邀義渠王到甘泉宮渡假，本來應該是籠罩綺麗色彩的假期，卻潑上了血紅。宣太后命令親兵把義渠王給殺了。趁著群龍無首，秦國發兵攻滅義渠，在義渠設立隴西、北地、上郡三郡。自此，秦國西部邊陲的憂患警報解除，為秦國統一中國奠定基礎，也立下了宣太后在秦國歷史上不可抹滅的地位。

權力轉移，退出政壇

宣太后掌權是因為秦昭襄王年幼繼位，待秦昭襄王長大成人，宣太后年歲漸長，權力重心漸漸轉移，而促成權力轉移的關鍵人物是范雎。范雎原是魏國人，但在魏國不得志，更因為得罪人，險些被打死，為了活命，他甚至改名叫張祿。但誰也料想不到他卻是終結宣太后及「四貴」權勢的重要人物。公元前271年，秦昭襄王派王稽出使魏國，范雎的好朋友鄭安平認為這是范雎的好機會，便應聘做王稽下榻館驛的僕役，找機會接近王稽。鄭安平果然得到了機會，向王稽推薦范雎，王稽一見范雎，就對他的才氣膽識感到佩服，於是悄悄地將范雎、鄭安平二人都帶回了秦國。自此，范雎開始平步青雲。范雎抵達秦國後，苦等兩年，終於等到秦昭襄王的單獨召見。首先，他建議改「近交遠攻」為「遠交近攻」，也就是先攻打鄰國，逐步鞏固實力，擴張領土後，在朝外推近，最後達到攻克遠邦，甚至一統天下的目的。秦昭襄王十分推崇這個作戰策略，甚至奉為國策。「遠交近攻」的作戰策略奏效，秦國國勢越來越強

盛，范雎也日益獲得秦昭襄王的信任。

接下來，范雎轉而再對內政獻策，提出「強幹弱枝」的觀點，要求削弱貴族的權勢，鞏固中央集權。他對秦昭襄王說：「我在山東的時候，只聽說齊國有孟嘗君，沒有聽說有齊王。只聽說秦國有太后和『四貴』穰侯魏冉、華陽、高陵、涇陽君，沒聽說有秦王。王是一國的首腦，國家大事應該由王決定。如今太后能夠擅自行事，穰侯能夠把持對外大權，華陽、高陵、涇陽君可以自行決斷。四貴的權勢盛，大王的權力就受到威脅，國王的命令又怎麼推行？有四貴，也就沒有王了。秦國各級官員和王身邊的人，都親近魏冉，王在朝廷是孤家寡人。我實在為王惶恐不安。再這樣下去的話，擁有秦國的恐怕不會是您的後代了。」因此，范雎向秦昭襄王建議收回五人的權力。

宣太后掌權時期，重用弟弟魏冉、羋戎以及兒子公子悝、公子市等四貴輔政。宣太后及四貴的專權限制了昭襄王的權力，造成了秦國國內只知有太后和四貴，不知有秦王的局面。權力使人腐化，四貴在心態上也起了變化。比方穰侯魏冉，位高權大，還掌兵權，不但在朝堂之上打擊異己，還想國庫通私庫，把秦國征戰得來的土地，劃入自己的封地。

隨著秦昭襄王年歲漸長，他也逐漸感覺到母親和四貴對自己權力的威脅，於是秦昭襄王在范雎的勸說下，在公元前266年，免去了穰侯魏冉的相位，將他厚加賞賜，送回了封邑，改用范雎為相。另外的一舅二弟也比照辦理。與此同時，以年老孝養為由，讓母親宣太后歸居後宮，頤養天年。這一次昭襄王

對四貴及母親的削權，並沒有引起流血政爭，算是平和收場，過程中有可能是宣太后的居中協調，讓王權在和平的條件下移轉。她說服了自己的親人，交出了他們的權力，包括她自己也要離開這個她苦心經營幾十年的政治舞台。從這點上來說，秦宣太后配得上任何言語的稱讚，因為她保存下的是秦國的實力。此時，退出政壇對宣太后未必不是件好事，昭襄王繼位時，她大概三十出頭，掌權四十一年，這時也七十多歲了，精神氣力都不如以往，的確是該休息了。

兵馬俑的主人

談到宣太后的感情生活，除了前面提到因為政治目的而私通的義渠王外，另一位有名的情夫，也是她最後一位情夫名叫魏醜夫。雖名為醜夫，但卻是個美男子。宣太后回歸後宮後，魏醜夫就一直隨侍在側。公元前265年，距離宣太后離開政治舞台不過一年的時間，七十多歲的她病倒。她躺在病床上，自知時日無多，難捨心愛的小情郎魏醜夫，於是宣太后傳下命令：「我死後，一定要讓魏醜夫殉葬」。魏醜夫一聽，嚇得不得了，就去找大臣庸芮想辦法。庸芮一聽，立馬跟魏醜夫保證，絕對可以讓他逃過死劫。庸芮就去求見太后，宣太后召見了他。庸芮先問宣太后人死後是否能夠感知到人世間的事情，宣太后回答說不能。庸芮接著說：「聽說您要讓魏公子為您殉葬？但既然人死後沒有知覺，那您又為什麼要將自己心愛的人置於死地呢？如果人死後有知覺，那麼這幾十年，先王在九泉之下，知道在陽世的您有多位情人，想必也怒火中燒，太后您

到了陰間，彌補過失都還來不及，哪還有機會跟魏醜夫尋歡作樂呢？」宣太后認為庸芮說的很有道理，就撤銷了要魏醜夫殉葬的旨令。

　　公元前265年，宣太后去世，葬於芷陽驪山，諡號宣。近代有考古學家研究出土的兵馬俑，從兵馬俑的服裝、相貌、色彩等，都看出受到楚國文化的影響。而楚國是宣太后的母國，因此很多人就揣測，兵馬俑並不是給秦始皇陪葬的，而是給宣太后陪葬的。當然，這個答案還需要更多證據的支持。但如果反觀宣太后的一生，以秦惠文王的「八子」出身，丈夫過世後，兒子被送到燕國當人質，骨肉相離；秦武王突然駕崩，她善用外戚及鄰國資源，助子奪位成功，從「八子」一躍而為「太后」。又因幼子即位，為鞏固勢力而掌權。內政上，她善用外戚力量，雖然從昭襄王的角度來說，母親和舅舅們把持朝政，削分了王權，但從秦國發展的角度來看，宣太后、魏冉等四貴，卻是立下大功的。對外，她擴展秦國疆域，甚至為了壓抑義渠的反叛之心，不惜以國母之尊，私通義渠王長達三十多年，然後再將之殺害，一舉滅亡秦國的西部大患義渠，使秦國可以一心向東，無後顧之憂。她及四貴的退場，亦走的和平，她犧牲了自己親族的利益，而把政權還給兒子，沒有因此產生政爭，內耗秦國實力。她堪稱是後來秦帝國發展的奠基者。這一切難道不值得用兵馬俑陪葬嗎？

第五章
興盛與衰微：孝文王～子嬰

秦國歷時數百年的統一大業，終於在秦始皇滅六國後完成，此後「中國」這二個字才算是有了具體的詮釋，它代表一個龐大的帝國和所有的土地人民。不過統一只維持了短短的十五年，秦始皇固然有卓越的文治武功，但也因為他的舉措帶給百姓沉重的負擔，加上趙高的專權亂政，加速秦朝的滅亡。秦朝終於在子嬰投降的那一刻正式滅亡，開啟了另一個亂世楚漢爭霸，也帶來了另一個盛世西漢的開端。

三日君命的秦孝文王（前302～前250年）

秦孝文王，又稱安國君，據史料記載，名叫柱或式。秦昭襄王在位時，秦孝文王被封為安國君。秦昭襄王原本是立他的長子悼太子為太子，但悼太子被派到魏國去做人質，公元前267年，悼太子在魏國去世。兩年後，公元前265年，秦昭襄王才另立安國君為太子。

安國君與他的正妻華陽夫人一直沒有孩子，在呂不韋的勸說下，華陽夫人成功說服安國君立在趙國擔任質子的異人（後改名為子楚）擔任繼承人，為此安國君為華陽夫人刻下玉符作為證物。二人隨後命呂不韋擔任異人的老師，又委託他帶給異人很多禮物。後在呂不韋的幫助下，異人成功返回秦國擔任太子。

　　前251年，秦昭襄王去世，秦孝文王繼位。繼位後秦孝文王尊生母唐八子為唐太后，將其與父親秦昭襄王合葬。韓桓惠王親自穿著孝服前來弔唁，其餘諸侯各國也派將相前來致哀。秦孝文王同時立華陽夫人為王后，子楚為太子，而趙國也將子楚的夫人趙姬及其子嬴政送還秦國。

　　公元前250年，孝文王下令大赦罪人，按功表彰先王功臣，優待宗族親屬，拆除王家園囿。秦孝文王為父親服喪一年以後，於該年十一月正式登基。就在他除喪三日後，一晚與群臣宴會結束，回宮後就去世了，他的君王之命只有三天。有關秦孝文王之死，很多人都懷疑是呂不韋為了讓子楚提前登基，才買通秦孝文王身邊的人在他的酒中下毒，但因為大家都怕呂不韋，所以不敢多言。

　　秦孝文王死後葬於壽陵，其子秦莊襄王子楚繼位。

呂不韋一手促成的秦莊襄王（前250年～前247年）

　　秦莊襄王，秦孝文王之子，本名異人，後改名子楚。因為他的母親夏姬不受秦孝文王寵愛，連帶的他也不受寵，再加上安國君有二十幾個兒子，異人於是被送到趙國當質子。因為秦、趙兩國關係緊張，時常發生戰爭，所以趙國人對待異人的態度也就不是很禮貌，不僅出入沒有車馬接送，生活也十分困窘。但這一切的困頓，就在異人遇到富商呂不韋後有了改變。

　　呂不韋到趙國首都邯鄲經商時，碰巧遇到失意的異人。呂不韋認為只要把異人送回秦國繼承王位，日後他便可獲之利不計其數。拿今天的話來形容，異人就像是一支績優股，長期投

資一定可以獲利，這就是成語「奇貨可居」的由來。於是呂不韋設法說服異人，贊成他回國登基的計畫，異人也答應呂不韋事成之後與他共同統治秦國。呂不韋還將自己寵愛的歌姬趙姬獻給異人，趙姬之後與異人生下秦王政。

為了把子楚拱上王位，呂不韋先自己掏腰包，拿出一千金作為本金，把其中的五百金送給異人作為日常開銷和結交賓客的公關費，另外的五百金則用來購買奇珍異寶當禮物。呂不韋轉而到咸陽，想辦法和安國君的寵妻華陽夫人的弟弟陽泉君及大姐搭上關係，進而見到華陽夫人。見到華陽夫人後，呂不韋除了稱贊異人很賢能外，他又對華陽夫人說：「現在您年輕貌美，深得安國君寵幸，但是膝下無子，一旦年老色衰，必定失寵，到時候您又有誰可以依靠呢？」這番話深深打動華陽夫人。後來華陽夫人成功說服丈夫安國君，安國君給華陽夫人刻下玉符，約定立異人為繼承人，二人隨後命呂不韋擔任異人的老師，又託他帶了很多禮物給異人，異人在諸侯中名聲漸起。

公元前257年，秦昭襄王派兵圍攻趙國首都邯鄲，趙孝成王想殺死異人泄憤。異人危在旦夕，呂不韋和異人密謀，重金賄賂守城官吏，倉皇逃回秦國，因為事出緊急，異人連夫人趙姬和兒子政都沒來得及帶。因華陽夫人是楚國人，呂不韋事先叫回國後的異人穿楚國服裝面見夫人，華陽夫人大為感動，收異人為義子，並將他改名子楚。

公元前251年，秦昭襄王去世，安國君繼位，即秦孝文王，子楚被立為太子，而秦孝文王在位三天後突然去世，子楚繼位，即秦莊襄王。

　　秦莊襄王繼位後，下令大赦天下，布施於民，並尊生母夏姬為夏太后，養母華陽夫人為華陽太后。而秦莊襄王也實現與呂不韋共治秦國的諾言，任命呂不韋為丞相，封文信侯。趙孝成王也主動派使者將趙姬母子送還秦國。秦莊襄王這支績優股，終於讓投資者呂不韋大發利市。

　　秦莊襄王繼位後，繼續秉承「遠交近攻」的國策，致力於開拓秦國領土。公元前249年，東周文公與諸侯密謀攻打秦國，秦莊襄王命呂不韋率軍攻滅東周國，另賜陽人之地延續周的祭祀。公元前248年，秦莊襄王命蒙驁攻打趙國，奪取太原、榆次、新城、狼孟等三十七座城池。同年三月，蒙驁又攻取魏國的高都和汲。接連幾次的戰役，讓秦國領土擴大。但也不是每戰皆捷，還是有踢到鐵板的時候。公元前247年，秦莊襄王命王齕攻打上黨郡，設立太原郡，魏公子信陵君合縱燕、趙、韓、魏、楚等五國聯軍在黃河以南擊敗秦軍。聯軍乘勝追擊至函谷關，秦軍閉關不出，此戰過後，信陵君名震天下。此戰失利讓秦莊襄王大怒，甚至想要囚禁在秦國為質子的魏太子增，經人勸說後才打消念頭。

　　公元前247年，正值壯年的秦莊襄王突然去世，在位僅三年。他突如其來的早逝，讓後世有不少猜測，有人認為是因為他撞見了呂不韋與趙姬的姦情，而被呂不韋所殺。若真如此，那他的一生果真是成也呂不韋，敗也呂不韋了。他死後葬於芷陽，秦莊襄王之墓俗稱子楚陵，因其子秦始皇陵在其北方，故又稱見子陵。秦莊襄王去世後，其子秦王政繼位，秦王政在滅六國、稱皇帝尊號後，追尊其為太上皇。

一統天下的秦始皇（前247年～前210年）

秦始皇，名政，又稱秦王政、嬴政，公元前259年生於趙國邯鄲，莊襄王之子。是戰國末期的秦國君主，秦國到他手上，完成統一大業。他十三歲繼位，三十九歲統一六國，五十歲出巡時駕崩，在位三十七年。

嬴政之母趙姬，原是呂不韋的寵姬，《史記》記載呂不韋把趙姬獻給子楚的時候，就已經懷有身孕，因此秦始皇的生父應該是呂不韋，但這說法後世史學家紛紛表示存疑。子楚即位為秦莊襄王後，封趙姬為王后，呂不韋為相國。但秦莊襄王即位不到四年就死了，接著年僅十三歲的嬴政即位。幼主即位，因此相國呂不韋獨攬大權，並與太后重拾舊歡。

儘管秦王政幼主即位，但秦軍並未停止擴張的步伐。照理來說，長平之戰後，秦國應該可以迅速解決六國，但白起死後，秦國沒有將才，又因為繼位的秦孝文王、秦莊襄王在位期間都很短，秦王政又幼年即位，這都無形阻撓了秦國的統一大業。

正所謂，一室之不治何以治天下，王室後宮的紛亂當然要解決。呂不韋眼看秦王政年歲漸長，很怕他發現自己和太后的關係，因此轉而介紹自己的門客嫪毐和太后交好。於是呂不韋假裝不知情地將嫪毐帶進宮中，讓他假扮宦官，服侍太后，太后後來還意外懷孕，生了兩個兒子。後來經人告發，公元前238年，嫪毐乾脆在咸陽發動叛亂，但立刻就被秦王政討平。秦王政趁機奪回太后的權力，呂不韋也在次年被免職，兩年後自殺。至此，秦王政大權獨攬，成為秦國名實相符的君主，這時

秦王政大概二十五歲左右。

　　鄭國渠在公元前246年開始建造，位於現今陝西。建議者為來自韓國的水利專家鄭國，但他其實是韓國的細作，想要用建渠來消耗秦國的國力。但沒想到渠修成後，因為灌溉面積大增，反而有利農作物生長，秦國再也沒有饑荒，為併吞六國打下堅實基礎，該渠也因此被命名為「鄭國渠」。

　　雖然鄭國渠的興建對秦國是利大於弊，但其癱瘓秦國國力的企圖，卻引起秦國大臣們的警覺；再加上呂不韋當政時，養了門客三千人，為了消滅呂不韋的勢力，所以在呂不韋被免除相國職位後，很多大臣就主張要把這些門客驅逐出境。因此，秦王政在公元237年頒布了「逐客令」。但呂不韋的門客之一，出身自楚國的李斯也在被逐之列。為了避免被逐的命運，李斯主動向秦王政上書，盡述客卿對於秦國的功勞，認為逐客是不智之舉。結果秦王政取消逐客令，李斯也從此被秦王政信任。李斯在獲得秦王政的信任後，便建議他祕密派辯士遊說各國，賄賂各國的名人政要，為秦作破壞其本國的工作；不能用錢利誘的，就派人暗殺掉。主要目的就是要離間各國君臣關係，然後再大舉進攻。這個策略搭配軍事行動，果然奏效，秦國在十年之間，就把六國一一收拾。此時是公元前221年，秦王政即位的第二十六年，這一年他三十九歲。

　　秦王政統一中國的重要性在於，中國到此時才有統一帝國以及中央集權的政府。到此時「中國」二字有了具體的表現，它代表著一個龐大的帝國和它的土地人民。

　　秦王政生得孔武有力，自小便養成自尊自大的脾氣。統一

中國後，他認為過去「君、王」等稱號都不足以彰顯自己崇高的地位，因而創造出「皇帝」這個新頭銜授予自己，自稱「秦始皇帝」，簡稱「始皇帝」。「始」有最初、首次的意思，秦始皇希望自己的繼承者沿稱二世、三世皇帝，以至萬世。「皇帝」一詞主要引用「三皇五帝」的神話傳說，從中抽取「皇」字和「帝」字結合而成。「皇」有「大」或「輝煌」的意思；「帝」有「天帝」、「上帝」的意思，秦始皇將皇、帝二字結合起來，是為了顯示他至高無上的地位和權威。

治人世還不夠，他認為就連鬼神也該敬畏他，他的責罰也可以施加在人世以外。比方公元前219年，他到泰山遊歷，在山上遇到一場雨，曾在一棵樹下避雨，事後他就封那棵樹為五大夫。同年他南巡，渡長江要到湘山，在渡江時遇到大風，他認為是湘山之神搗亂，所以便派人把湘山的樹木都砍光，以示懲罰。這反映了他並不滿足於只做人間的統治者，天地萬物也要逢迎他。

秦始皇享盡人間尊榮富貴，因此他很怕死，沒人敢在他面前說個死字。為了延壽，他還派徐福等人積極尋覓長生不老藥。另一方面，他深怕有人暗殺他，因此周圍戒備森嚴。他規定朝會時，群臣不准攜帶任何武器，拿兵器的侍衛只能站在殿下，保持安全距離，沒有他的命令，不准上殿。在宮中，除了他的近身侍衛以外，沒人知道他的行蹤。有一次他批評李斯的隨從車輛太多，李斯不知道從哪裡知道這個消息，就立刻減少車騎。他找不到泄漏他言語的人，一怒之下，就把他身邊的侍衛都殺掉了。

接下來，就要來談談秦始皇的文治武功了。

首先，在對內措施方面，就是要把秦國原有的制度推行到全國，重要的項目有統一度、量、衡、錢幣、車軌和文字等。

在政治制度上，全國的大權集中在中央政府，中央直接控制每個地方政府。秦國中央政府最高級的官員有三：丞相、御史大夫、太尉。丞相掌理全國政事，御史大夫是副丞相，並兼掌監察任務，太尉則負責全國軍事。丞相居首，御史大夫和太尉是丞相的輔佐。實際上，皇帝是政權的主要掌握者，丞相只是受皇帝的委託處理政事。所有官員都由朝廷委任，隨時調動任免，並須每年考績。秦始皇建立的官僚制度，成為歷朝政治制度的典範。中央政府制度建立後，朝廷百官，各司其職，維持皇室、國家正常運作，執行皇帝的旨意，而這套百官體制，也被之後的朝代沿用。

地方政府方面，採郡縣制，縣以下還有嚴密的鄉里組織，嚴密控制每一個「黔首」（秦代用來稱呼人民的名詞）。秦國自秦孝公變法以來，對外侵略所得的土地，大都直隸於君主，大的設郡，小的設縣。郡縣的首長，都是流官，任期一滿就轉調到其他地方。秦始皇沿襲這個制度，每滅一國，就在這個地方設置郡縣。截至秦始皇統一，全國共有三十六個郡，它們都設置於統一前或統一初期。統一中國後，秦始皇又在公元前214年設置南海、桂林、象三郡，公元前212年又增設九原、東海兩郡，前後共四十一個郡。京師及其附近地區，不在郡數之內。這四十一個郡構成整個秦國的版圖，東到遼東半島，北達現在的河北、山西和寧夏的中南部，西有甘肅、四川大部分

區域，南至湖南、兩廣和越南的中北部。中國的領土，到這時已有個大概的輪廓，「中國」一詞有了確切的範圍。依照郡的所在位置，有內郡和邊郡。內郡郡守並無兵權，但是在邊疆的郡，因為和外族接壤，所以郡守兼有兵權。內郡的最高首長是郡守，其下有郡丞，掌理全郡的行政工作；有郡尉，負責兵役和軍訓。邊郡的郡丞則改稱長史，兼管兵馬。此外，還有斷獄都尉，掌理獄訟案件。中央也不定時派遣監御史到各郡監察施政情形。郡下設有縣，縣的數目大約在一千個左右。縣的人口在萬戶以上的，長官稱縣令，不滿萬戶的稱縣長。縣令以下也設有丞尉，職務分工和郡丞、都尉相似。縣以下的地方政區是鄉，一鄉轄十亭，亭有亭長；一亭十里，里有里魁；一里轄百家，五家為伍，十家為什。從郡、縣、鄉、亭、里、家、什、伍等層層複雜的地方行政組織可知，秦代對於地方控制的嚴密。

另一方面，秦始皇也開始進行思想、言論的鉗制。秦始皇在統一之初，對於儒家思想，是採寬容的態度，但他本人和他的政治措施是不允許批評的，儒生們卻忽略了這點。公元前213年，有博士淳於越主張恢復封建制度，這建議立刻被丞相李斯反對，他認為儒生聚集議論政治，惑亂民心，會影響皇帝的威望，因此請求嚴禁議論政治。李斯更進一步建議由政府下令燒毀民間書籍，包括秦國史以外的歷史記載、文學詩書和百家語，與醫藥、卜筮、種樹有關的書可以保留。在令下三十天不燒的，處以黥面後築城的勞役，刑期四年。此後若有民眾聚集談論詩書者斬，並將屍體棄置街頭示眾，以古非今的滅族，用

極刑來壓制思想。總之，除了政府以外，民間不能再收藏以上禁書。秦始皇接受了李斯的建議，於是民間藏書陷入浩劫。在焚書的隔年，公元前212年，又發生坑儒事件。秦始皇為了找長生不老藥，耗費許多金錢，就有方士因為不滿秦始皇的行為，在背地裡譏笑。秦始皇大怒，又聽說還有很多儒生也附和著有不敬的言論，因此就把咸陽的儒生全都召來審訊。儒生們都不認罪，還互相指控，一共牽連了四百六十多人，秦始皇就下令把他們一起活埋。

在對外戰爭方面，公元前215年，因為有方士上書預言「亡秦者胡」，為了不讓預言成真，秦始皇派蒙恬率三十萬大軍北伐匈奴，收復河套地區。接著秦軍再進展至套外，設九原郡。為了確保北疆的安全，秦在公元前214年到公元前213年間，又進行了兩個大工程。一是修築「直道」，類似現在的高速公路，直道的修築不僅有利於秦始皇出巡，也方便調兵遣將。另一工程就是修築長城，但並不是從無到有，秦始皇時代所築的長城，只是將趙、燕、秦原來的北邊長城加以修葺連接。匈奴被逐以後，秦又在套外築長城，以保護河套地區。至此，完成西起臨洮東至遼東，綿延數萬里的偉大國防線，堪稱是有史以來人類最偉大的建築物，今日若從月球向下望，還能看到長城呢！秦始皇除了北邊以外，也向南方擴展，滅東甌、閩越、南越、西甌，先後設立閩中、桂林、南海、象等郡，還遣送罪犯五十多萬人，戍守五嶺地區，和越人雜居。至此，所謂人迹所至的地方，都被納入秦帝國的版圖。

總之，秦始皇統一天下後，在政治、經濟、民生方面進行

了一系列的舉措，對後來的朝代及中國文化發展帶來了深遠的影響。然而，秦始皇在位期間，大興土木，雖然修築長城、馳道、水渠等是為了軍事國防，但興建大量的離宮別苑、陵寢，卻給百姓帶來繁重的勞役負擔。在公元前212年，秦始皇已經在咸陽城方圓二百里內建了270座宮殿，都用天橋、甬道連結起來，藏有許多美人、樂器、稀奇珍寶。但這些宮殿的華麗程度，都不及在公元前212年開始興建的阿房宮。秦始皇統一中國後，覺得皇宮太小，不合自己的身分，於是決定在渭水南岸建立阿房宮。阿房宮的建造規模相當宏大，光是前殿面積，東西約六百九十三公尺，南北約一百一十六公尺，高約十一公尺，上面可以坐上萬人，在裡面送酒菜要用車馬才行。秦始皇的另一個大工程就是花了三十多年時間，建自己的陵墓，後世稱為秦始皇陵或驪山陵，為了戍衛皇陵，在靠近陵墓附近，還建有兵馬俑坑。阿房宮、秦始皇陵等大型工程，一共動員了將近七十萬人，還從邊遠地區開採山石、運來木料，為此約八萬家被迫遷徙到工程地附近。過分役使人民的反作用力，在秦始皇過世後反撲，造成秦國滅亡。

公元前210年，秦始皇開始他生前最後一次巡遊，這次路程很遙遠，過程中秦始皇忽染重病。群臣知道秦始皇忌諱「死」字，因此都不敢言死，但秦始皇的病情每況愈下，終於在公元前209年死於沙丘，結束了他的傳奇一生。而隨著他的過世，秦朝迅速步向滅亡的道路。

寵信趙高的秦二世（前210年～前207年）

秦二世，名胡亥，秦始皇第十八子（最小的兒子），是秦朝的二世皇帝，後人多稱他為秦二世。

胡亥年少時，奉父親之命，跟隨中車府令趙高學習法律。秦始皇最後一次出巡時，胡亥隨行。公元前210年秋，秦始皇出遊南方病死沙丘時，丞相李斯認為皇帝在外地逝世，且秦始皇生前並沒有立太子，他怕皇子和各地叛眾趁機叛變，乾脆祕不發喪，把秦始皇的屍首裝在棺材裡，再放置於密閉卻又通風良好的車裡，每日照樣獻食，百官照樣奏事，宦官就在車裡下詔批文。但因為天氣酷熱，秦始皇的屍體很快就發出臭味，李斯還派人立刻買了幾車的醃魚乾，混在車隊裡來混淆屍臭。秦始皇已死的事，只有胡亥、趙高和受秦始皇寵信的宦官五六個人知道。

秦始皇在病重的時候，曾寫信給大兒子扶蘇，要在邊境對抗胡人的扶蘇把軍隊交給蒙恬，然後趕到沙丘，護送自己回咸陽安葬，之後繼位。可是，書信寫好，還沒來得及交給信使，秦始皇就去世了，所以書信和皇帝印璽都在趙高的手裡。趙高、胡亥和李斯三個人便一起竄改秦始皇的遺詔，立胡亥為太子。還擬了一封假詔書給扶蘇，命令他立刻自殺。假詔書一發，他們就日夜趕路回咸陽，等他們抵達咸陽的時候，就發布了秦始皇駕崩的消息，而扶蘇自盡的消息也剛好傳來。太子胡亥繼位，為二世皇帝。

秦二世在趙高與李斯的幫助下，殺死兄弟姐妹二十餘人以及原來在父親身邊的大臣。秦二世即位後，趙高掌實權，使秦

始皇後宮無子者皆殉葬，在埋葬秦始皇時把全部工匠封死在驪山陵墓裡。徵調武士五萬人屯衛咸陽。此外，秦始皇時期為了修築阿房宮和驪山陵，動員七十萬人民，已經引起天下騷動，人民困苦不堪，秦始皇去世的時候，這兩大工程都還沒完工，秦二世繼位後，更加緊趕工，又增派北方戍守士兵，如此沉重的徭役，使全國百姓不甚負荷。終於，秦朝的暴政激起了公元前209年陳勝、吳廣起義。

丞相李斯及不少大臣都上書請求停止修建阿房宮，減輕各種苛捐雜稅。但秦二世聽信趙高讒言，殺死李斯。李斯死後，秦二世拜趙高為中丞相。趙高為了達到徹底專權的目的，對胡亥說，因為胡亥年輕，經驗不足，而且皇帝也應該少和大臣見面，以免在大臣面前暴露自己的弱點。如果能居住深宮中聽取趙高意見和輔佐，那國家會治理得更好。胡亥一聽覺得很有道理，而他也願意在後宮享樂。從此，朝中大小政事都由趙高一人來獨斷專行。

趙高雖然大權在握，但他也害怕大臣聯合起來反對他，為了試驗大臣對他的態度，某一天，趙高上朝的時候說要獻給秦二世一匹好馬，可是卻牽來一頭鹿。秦二世笑著說：「這怎麼會是馬？這明明是一頭鹿啊！」這時，趙高就轉頭向滿朝大臣詢問這隻到底是鹿還是馬？結果，大多數人因為畏懼趙高，都附和說是馬。秦二世頭腦簡單，還真的以為是自己看花了眼。這就是成語「指鹿為馬」的由來。接下來，那些說是鹿的朝臣都受到趙高的迫害。之後，秦二世就搬到望夷宮，趙高在朝中儼然皇帝一般。

此時天下動亂已起，但秦二世受到趙高蒙蔽，並不了解真實情況。公元前209年陳勝、吳廣起義，接著就是以項羽、劉邦為首的反秦集團躍上歷史舞台。劉邦軍攻破武關，逼近咸陽。秦二世驚嚇萬分，慌忙派人催趙高發兵抵抗。趙高見形勢危急，難以為繼，決定殺死胡亥，和劉邦談判。公元前207年，趙高派女婿咸陽令閻樂率黨羽一千餘人，假稱要抓捕盜賊，闖入胡亥所在的望夷宮。胡亥倉皇逃到臥室。這時，閻樂追進臥室，指著胡亥大罵：「你驕恣無道，濫殺無辜，天下人都背棄你了，你還是趕快自尋歸宿吧！」胡亥問：「是誰派你來的？」閻樂回答說：「是丞相。」胡亥要求見趙高，閻樂不許。胡亥嘆了口氣說：「看來，丞相是要我退位，那我願意當一郡之王就好。」閻樂不准。秦二世再退一步說：「那就讓我做個萬戶侯吧！」閻樂還是不准。最後胡亥哭著說：「希望丞相能放我一條生路，讓我和妻子做平民就好了。」當然這最卑微的請求還是沒有得到應允，胡亥最後自刎而死。

胡亥死時只有二十四歲，即位才三年，後來被以百姓之禮埋葬，帝王尊嚴蕩然無存。

無力回天的秦王子嬰（前207年）

秦王子嬰是秦朝最後一位君主，在位僅四十六天。性格仁愛且節制。秦二世即位僅三年，就被趙高所殺。趙高原本想自立為帝，但發現群臣將領不支持，於是迎立宗室子嬰繼位。但趙高聲稱六國舊地民變興起，秦朝領土比統一前更小，所以不應該稱「皇帝」，只適合稱「王」，所以稱「秦王子嬰」。趙

高在稱呼上刻意降低秦王子嬰的地位，方便他操控。

　　但秦王子嬰不是任人擺布的呆子，他即位五天便設計謀殺趙高。公元前207年，趙高要子嬰到宗廟齋戒，以接受傳國的玉璽。子嬰是個聰明人，他和自己的兩個兒子及心腹太監韓談密謀說道：「趙高在望夷宮中殺死胡亥，他怕群臣殺他，才假仁假義要立我為王。但我聽說趙高和楚軍有約，滅秦以後，他便會在關中稱王。現在他想等我入宗廟齋戒的時候把我殺掉。我就說我生病不能去，他一定會來催我，到時我們就趁機把他殺掉。」果然，趙高派人去請了幾次，子嬰都不去，最後他自己來催，子嬰便趁機殺死趙高，並把他的家人全部處死。但子嬰殺死擅權亂政的趙高，也無法挽救已病入膏肓的秦朝國勢。

　　不久，劉邦攻破武關，來到灞上，立刻派人勸說子嬰投降。子嬰見大勢已去，便和妻子用繩綁縛自己，穿白色衣服，坐白色馬車，並帶著皇帝御用的玉璽和兵符，到劉邦軍前投降。子嬰只當了四十六天的秦王。有將領提議殺了子嬰，劉邦不同意，而是把子嬰交給隨行的吏員看管。但子嬰終難逃一死，一個多月後，項羽帶兵進入咸陽後，立刻把子嬰殺死，並進行大屠殺及縱火。

　　秦朝在子嬰投降的一刻正式滅亡，這個朝代僅歷時十五年，有壯闊的開頭，結束卻如此淒涼。

秦國大事紀：孝文王～子嬰

孝文王（前302～前250年）	被呂不韋毒殺。
莊襄王（前250年～前247年）	呂不韋為相國；攻趙伐魏滅東周。
始皇（前221年～前210年）	平嫪毐之亂，呂不韋失勢；建鄭國渠灌溉，農產大增；滅六國，建立秦帝國；創皇帝稱號，採中央集權、郡縣官僚制；焚書坑儒，控制思想；修馳道、建萬里長城、阿房宮、驪山陵。
二世（前210年～前207年）	丞相趙高亂政，叛亂四起；陳勝、吳廣起事；項羽、劉邦起兵，劉邦率先攻破咸陽城。
子嬰（前207年）	項羽入咸陽，殺死子嬰，秦帝國滅亡。

秦帝國前的變法革新

一、春秋時代

1. 管仲改革：

　　(1)對內理財治兵，國富兵強，對外以尊王攘夷為號召。

　　(2)齊桓公成為春秋時代第一位霸主。

2. 魏文侯改革：

　　(1)任用李克訂立法典，提倡盡地力，實行平糴法。西門豹治鄴，引漳水灌溉。

　　(2)以吳起為將，擊敗秦兵。

二、戰國時代

1. 齊國：齊威王整飭內政，任用賢能，鼓勵進諫。在馬陵之戰大敗魏師。

2. 韓國：韓昭侯用申不害為相，國治兵強。

3. 趙國：趙武靈王提倡尚武精神，下令全國人民胡服騎射，大拓疆土，滅中山國。

4. 燕國：燕昭王禮聘賢才，以樂毅為將，伐齊，拓地遼東。

5. 楚國：楚棹王用吳起整肅內政，申明法令，削弱貴族，並扶養戰士，自是王室集權，大行軍國主義，國勢強盛。

6. 商鞅變法：

   (1)組織保甲，實行連坐法。

   (2)提倡軍功，禁止私鬥，定首功制。

   (3)鼓勵耕織，獎勵生產，凡致力於生產者，免除徭役，營事末利（指工商業者）及怠貧者，收為公家奴婢。又規定凡一家有二男以上不分居者加倍納稅。有助小家庭制度形成。

   (4)廢封建，開阡陌，鼓勵人民開墾荒地，政府計田收稅。有助土地私有制度形成。

   (5)改定地方行政制度，歸併全國鄉邑為四十一縣，各置令、丞，集權中央。

   (6)統一度量衡，改革戎狄習俗，遷都於咸陽。

第二部

春秋風雲

第一章
管仲輔佐成霸業：齊桓公

自周平王東遷，周王室日漸衰敗，對諸侯漸漸失去控制力。齊桓公是齊國第十五個君主，姓姜，名小白，公元前685年至公元前643年在位。齊桓公即位後，在管仲的輔佐下推行政治、經濟、軍事等一系列改革，善用齊國地靈人傑、物產豐富的優勢，使齊國迅速壯大。桓公以「尊王攘夷」的旗幟為號召，代替周天子維持各國之間的秩序與共同利益，並抵禦戎狄部族對中原的侵擾，不斷樹立盟主的威望，成為第一位春秋時期的首位稱霸中原的霸主。

亂世奪權

春秋初期，齊國原本並不是個實力突出的大國，直到僖公時才崛起，但繼位的襄公卻昏庸無道。襄公有兩個弟弟，公子糾和公子小白，兩人均是庶出。襄公命管仲和召忽做公子糾的師傅，鮑叔牙則為公子小白的師傅。

起初鮑叔牙認為公子小白是次弟，不太可能繼承君位，於是藉口生病，閉門不出。管仲知道後，替他分析：「雖然按長幼順序來說，公子糾排在小白之前，但公子小白更有才幹。若齊國發生什麼變故，就有賴你輔佐公子小白安定國家了。」鮑叔牙終於答應做公子小白的師傅。

管仲出身家道中衰的貴族，少年時即通詩、書，又會駕

車、射箭。為了供養母親，做些小本生意，遊歷過很多地方，對各地的風俗民情和社會狀況多有了解，累積了豐富的社會經驗，但始終不得志。所幸鮑叔牙認為管仲是個人才，兩人意氣相投，關係非常好。鮑叔牙常常接濟管仲，兩人合夥經商，他總是讓管仲多得一些利潤；一起打仗時，有人非議管仲總是當逃兵，鮑叔牙都會為他申辯：「他這麼做不是因為他貪生怕死，而是家中貧窮，又有老母要養。」管仲對此十分感激，曾說：「生我者父母，知我者鮑叔牙！」

齊襄公不但暴虐，還與自己同父異母的妹妹私通，並派人害死妹夫魯桓公。國內對此議論紛紛，均十分不齒。鮑叔牙便對公子小白說：「大王的行徑遭到眾人痛恨，長此以往，必然釀成大禍。公子一定要勸勸他啊！」於是小白進宮勸諫襄公：「人們對魯侯之死眾說紛紜。你應該避一避才是，否則會有不良影響。」襄公非但不聽，還怒斥：「閉嘴！你這乳臭未乾的小子懂什麼！」

小白感到十分委屈，便向鮑叔牙哭訴。鮑叔牙嘆道：「有奇淫者，必有奇禍。」便建議小白暫時投奔別國，日後再見機行事。小白覺得有理，就問：「該到哪個國家呢？」鮑叔牙仔細斟酌了一番，答道：「不能到大國去，否則會受制於人。不如到莒國，那裡既小離齊國又近，一定不會怠慢我們！」於是他們便出奔到莒國。

公元前685年，襄公的族弟公孫無知與大臣連稱、管至父聯合叛變，殺害襄公，奪取王位。這時，管至父向公孫無知推薦其族人管仲，公孫無知便想拉攏管仲為其服務。管仲預料公

孫無知好景不常，連忙和召忽、公子糾討論：「他們自身都難保，我們若跟隨他，豈不成了犧牲品，還是趕快離開這裡！」兩人點頭稱是。因魯國是公子糾的姥姥家，他們便陪同公子糾逃到魯國。

果然，一個多月後，雍廩等諸大夫突然發難，把公孫無知、連稱、管至父都殺了。這時，魯國想乘機控制齊國，便派人到齊國要求立公子糾為君，齊國便準備迎接公子糾回國繼位。此時，在莒國避難的公子小白在國內高氏、國氏等貴族的支持下，也想回國爭奪君位。魯莊公知道後，就親自出兵，並以曹沫為大將，護送公子糾回齊國。管仲想，公子小白在莒國，離齊國很近，萬一他搶先回國就麻煩了，便請莊公先讓自己帶領一隊人馬前去攔截。

管仲向魯國借的軍隊在即墨和公子小白的隊伍相遇，管仲看到公子小白坐在車內，跑過去說：「公子別來無恙！今天想到哪裡？」小白正色道：「回齊國辦喪事。」管仲說：「您哥哥在，您就別去了，免得人家說閒話。」鮑叔牙雖然是管仲的好朋友，但畢竟各為其主，就對管仲喊道：「你別囉嗦了，讓開！」一旁的士兵也在跟著吆喝。

管仲也不多說，一邊後退，一邊在心裡盤算如何才能阻止小白回齊。突然，他出其不意地轉身，對準小白射出一箭，小白應聲倒地，口吐鮮血。管仲見小白中箭，立即策馬逃竄。他認為大事已定，便派人向公子糾報告喜訊。於是，公子糾在魯軍的保護下不慌不忙地向齊國前進。

誰知小白的確中了箭，但只射中小白的衣帶鉤，自以為大

功告成的管仲也沒細察。機智的小白知道管仲箭法不錯，怕他再射一箭，就咬破自己的舌尖，噴血詐倒。待管仲走遠後，小白馬上坐起，眾人隨即轉悲為喜。鮑叔牙連忙提醒：「千萬不要大意，我們得抓緊時間抄近道回國。」於是為小白化了裝，抄小道很快來到都城臨淄郊外，此時公子糾一行尚在途中，鮑叔牙向小白建議：「你們先在此等候，我進城探個究竟。」

鮑叔牙進入國都，逐個拜訪各位大臣，盛讚小白的賢德，請求大臣們立公子小白為君。但大家都面有難色，說：「我們已派人到魯國迎接公子糾，他年紀較長，而且也快回來了，應該立他為王。」鮑叔牙爭論道：「現在已有兩位國君被殺，情勢混亂，必須推舉一個賢能的君主才能控制局勢。小白不僅比公子糾能幹，又已先於公子糾回國。如果立了公子糾，魯國一定會要求回報。」大夫隰朋、東郭牙齊讚鮑叔牙說得有道理。

於是，在魯軍護送公子糾回齊國的途中，齊國已用儀仗迎請小白入城，即位為齊桓公。桓公登基後，派大夫仲孫湫前去攔截魯莊公。莊公大怒，說：「齊國不能出爾反爾，不然我豈不是白跑一趟？」仲孫湫只好回稟齊桓公。桓公隨即發兵，打得魯軍措手不及，主將曹沫身負重傷，副將秦子戰死，梁子被俘而殺，損失慘重。齊軍乘勝追擊，直攻至魯國境內。接著鮑叔牙奏請齊桓公：「公子糾在魯國，終究是個隱患，不如讓臣率兵壓境，迫使魯國除掉他！」桓公准奏。鮑叔牙遣公孫隰朋致信魯莊公勸其就範，並再三叮囑臨行前的隰朋：「管仲是奇才，你一定要保證他安全回國輔佐主公。」

魯莊公見信，召集群臣商議後，決定答應齊國的要求，便

逼死公子糾，取其頭顱，再把召忽、管仲抓起來要押回齊國。召忽見公子糾已死，竟一頭撞牆而亡。

魯國大夫施伯是個智勇之士，他覺得事有蹊蹺，便私下對莊公說：「據我觀察，管仲不是個簡單的角色，齊國押他回去，肯定是想重用他，若齊國重整旗鼓，必然會威脅魯國的安全。不如現在就殺掉他！」莊公同意了，準備對管仲行刑。隰朋一看情形不妙，急忙央求魯莊公：「管仲曾箭射我們大王，大王對之恨之入骨，一定要親手殺了他才得以解除心頭之恨。如果你們殺了他，我們大王一箭之仇未報，一定會怪罪貴國的。」魯莊公聽信了隰朋的話，便將囚車交給隰朋帶回齊國。

此時關在囚車內的管仲，早已猜到自己能活著回去，肯定是鮑叔牙的謀略，只怕魯莊公會反悔。於是編了歌謠刺激押送人員快行，他們日夜兼程，原本兩天的路程一天就走完了。待齊人離去後，魯莊公越想越後悔，立即派兵追趕，無奈他們早已出了魯國的地界。

管仲一踏入齊國境內，見到昔日好友鮑叔牙前來迎候他，命人將囚車打開。感激地拜倒在地，說：「若不是你的精心安排，恐怕我早已身手異處！」鮑叔牙笑說：「我還要把你引薦給主公呢！」管仲慚愧地說：「我輔佐公子糾，不但沒讓他取得君位，反而害他喪命，怎麼還能為敵人做事！」鮑叔牙道：「成大事者不拘小節。你有治天下的才幹，主公又是有抱負的君主，如果你能輔助他使齊國強大，難道不是件好事嗎？」聽了鮑叔牙的一番勸慰，管仲這才釋懷。

管仲為相

　　鮑叔牙將管仲安頓好了以後，先趕去見齊桓公，報告任務已圓滿完成，然後祝賀桓公得到管仲這樣一個賢能之士。

　　桓公覺得納悶，心想自己在驚濤駭浪之中登上君位，對管仲那一箭耿耿於懷，恨不得將其千刀萬剮，鮑叔牙這時竟還敢提他。於是沒好氣地說：「他差一點就要了我的命，難道我還要重用他嗎？」鮑叔牙忙道：「當時他是公子糾的師傅，為臣者都是各為其主。主公若能重用他，他一定能為您做出一番大事，何樂不為呢？」聽鮑叔牙這麼一說，桓公才勉強答應赦管仲不死。

　　鮑叔牙進而說道：「如果主公只想統治齊國，那麼有我和高傒輔佐就夠了，但是若想稱霸天下，則非管仲這個經世良才不可。」桓公默不作聲，鮑叔牙繼續說：「如果主公能起用管仲，天下有才之士便知道您不計前嫌，尊賢禮士，都會前來投奔。更何況要一統天下，必須要有內安百姓，外撫諸侯，富國強兵的人才，這些管仲都比我強。因此，主公若想要成就一番大事業，不但要重用管仲，而且還應拜管仲為相國。」桓公經鮑叔牙的力勸，深受啟發，同時對鮑叔牙一心為振興齊國，不計個人得失之大量備加讚賞。於是桓公召見管仲，便藉機試探一下是否如鮑叔牙所說。經過一番觀察和交談，齊桓公被管仲的才識膽略深深折服，認為他確實有著經天緯地之才，匡俗濟時之志，於是任命他為相國，把國政悉數委託於他。管仲因此也有了一展才華的機會。

　　一日，桓公問管仲：「相國對安定國家，創建霸業有什麼

良策？」管仲說：「如果主公要創建霸業，首先要能識賢、用賢，並且信任他，但一定要謹防小人滲入。臣認為，巍巍大廈不能只靠一根大梁，浩瀚大海不能只靠一條河流，因此建議主公起用五個人。」桓公忙問：「哪五個人？」管仲回答：「管理官吏，能言善辯，隰朋做大司行最合適；因地制宜，發展農業，寧越做大司田最合適；指揮軍隊，攻城掠地，王子成做大司馬最合適；明察冤獄，善斷訴訟，賓須無做大司理最合適；剛直不阿，犯顏直諫，東郭牙做大諫官最合適。主公如能任用這五個人，我國建立霸業就指日可待了。」桓公欣然採納了管仲的建議，同時懸榜國門，號召國人獻計獻策，招納四方志士。透過這些措施，齊國政局煥然一新，桓公也因而更為器重管仲，尊稱他為「仲父」，並當朝宣布：「朝廷各部，任何重大事情，先報仲父，再報寡人。如何辦理，也由仲父決定！」就這樣，管仲輔助齊桓公在政治、經濟、軍事等各方面進行一系列的改革，特別是因地制宜，大力發展漁業，使齊國逐漸走出低谷，富強起來。

　　齊桓公雖然豁達大度，起用賢能之士，安邦興國，但也忽略了管仲的忠告，讓三個小人滲入：一個是為求寵而自割生殖器的豎刁；一個是把自己三歲的親生兒子烹成美味獻給桓公品嘗的易牙；還有一個是貪慕虛榮的衛懿公長子開方。這三個人逢迎拍馬，深得桓公的寵信，經常令他們隨侍左右，所以齊人稱之為「三貴」，他們的存在為日後的齊國留下了隱患。

　　魯莊公一直為放走管仲而暗自後悔，一聽到管仲做了齊國的相國，更加懊悔。為防齊國再次攻打魯國，於是下令打造兵

器，練兵備戰。齊桓公得到這一情報，想先下手出兵攻魯，雖遭到管仲等大臣的強烈反對，但桓公執意而行，並邀楚軍參戰，想仗著人多勢眾，一舉殲滅魯軍。而魯莊公積極迎戰，且擁有一位頗有軍事指揮才能的曹劌充當軍師，兩軍在長勺交鋒。齊軍在經過三次衝鋒未成功的情況下，反被打敗退出魯境，還失掉了汶陽。

長勺戰敗後，齊桓公聽從管仲的建議，著手恢復經濟，發展生產等事宜。桓公在管仲等大臣的輔佐下，實施一系列切合實際的政策，為齊國稱霸奠定了堅實的物質基礎。三年後，齊桓公再次興兵伐魯，大獲全勝，占領了魯國的遂邑。心有不甘的魯莊公在柯與齊國會盟，令曹沫脅迫齊桓公歸還魯國領土遂邑。情急之下，齊桓公只得答應將三次戰爭所奪之地一併歸還。盟畢，桓公倍覺負氣，想再次攻打魯國，但與管仲商議之後，深感君子一言既出，駟馬難追，已經答應別人的事，不可再反悔，於是把這事擱了下來。這件事情一傳開，許多諸侯國都覺得桓公恢宏大度，是一個可信的賢德之君，紛紛表示願與齊國同盟，齊國也因這件事而聲譽鵲起。

由於周天子權威已失，各諸侯國多有內亂，周天子也無力平定。這一年，宋國南宮萬殺死宋閔公，野心勃勃的齊桓公想趁機執掌宋國的命運，就接受管仲的建議，派遣使臣前往朝拜剛繼位的周僖王。此舉博得長期無諸侯國使節朝拜的周天子歡心，當即委派桓公安排宋國的君位。齊桓公就名正言順地相邀各諸侯國，來年三月初一到北杏召開大會，共同決定宋國的君位，並按管仲的建議，決定設置周天子座次，把兵車留在界

外，不炫耀武力，而是以禮相待。應邀赴會的陳宣公杵臼、蔡哀侯獻舞、邾子克，看到齊桓公不以武力相脅，深為感動，一致推舉齊桓公為盟主，只有宋桓公因自己以「公」的爵位列於齊侯之後而不服，於第二天五鼓時不辭而別。大家都很不滿，齊桓公更是大怒，欲下令追擊他，管仲急忙勸阻：「他畢竟來赴會了，反而是魯、衛、鄭、曹四君違抗王命，不來赴會，不可不討伐。依臣看，不如先降服魯國更具威力。」

於是齊桓公宣稱魯國的附屬國遂國未到會，舉兵問罪，一舉滅遂，然後進軍魯國。魯莊公聞訊，急忙召集施伯、曹沫眾大臣商議，一致認為以和為貴。就這樣，兩國會盟，和平解決了爭端。隨後衛、鄭、曹也附和會盟。公元前680年，齊桓公派使者朝拜周僖王，報告宋桓公不從天子之命，請求出兵討伐宋國，又聯合陳、衛、曹討宋。途中，齊桓公路遇牧牛的衛國人寧戚，在管仲、隰朋的推薦下，封為大夫，作為使臣到宋國規勸宋桓公。經過寧戚的一番遊說，宋桓公帶著禮物拜見齊桓公。齊桓公答應了宋國的入盟，並把禮物奉獻給周天子使者。

第二年，齊桓公約宋、魯、衛、曹、鄭、邾、蔡等八國於甄地歃血為盟，各諸侯一致推舉齊桓公為盟主。這時，齊國稱霸的局面終於確立，齊桓公也因此成為春秋時期的第一位霸主，天下暫時太平了一段時間。

赫赫霸主

公元前663年，依仗地險兵悍，屢屢侵擾中原的北方山戎國入侵燕國，燕莊公不敵，向齊桓公求救。齊桓公親率三軍千里

討戎。因戰爭時間長，加上氣候惡劣，地勢險峻，桓公為了鼓舞士氣，親自慰問官兵，與官兵一起挖地泉，編軍歌，使官兵上下齊心。不料，打敗山戎乘勝追擊時，齊軍被假投降的敵人引入沙漠之中，當時正值隆冬，北風呼嘯，三軍又冷又餓，陷入困境。齊桓公聽取管仲的建議，終於順利走出死地。

　　齊軍大獲全勝後，齊桓公把新占領的孤竹國贈給燕莊公，但莊公婉謝不敢接受：「您為我們打走了戎敵，感激都來不及，還贈地於我，實不敢當。」桓公懇切地說：「北方僻遠，戎人恐怕會捲土重來，現在有了這些田地壯大燕國，戎人就不敢侵略。再說貴國是北邊的屏障，您一方面向天子朝貢，一方面守著北部，我也很榮幸地沾了光呀。」聽齊桓公慷慨陳辭，莊公感激萬分，隨即親自相送。後來，齊桓公救燕贈地的事傳開來，大家都盛讚齊桓公的恩德頗具霸主風範，大大提高了齊桓公的聲譽，從此各諸侯每每有大事，都會請齊桓公主持。正當齊國忙於討戎助燕之時，楚國日益強大，連年出兵北上，侵擾各諸侯國。公元前656年，齊桓公為抑制楚國擴張趨勢以保持霸主地位，便統領齊、魯、宋、陳、衛、鄭、許、曹八國聯軍，首先攻破楚的屬國蔡，進而乘勝逼近楚境；桓公派管仲責問楚國：「楚國仗勢欺小，不講道義；不向周王室進貢，有失禮儀；周昭王南征死於漢水，該當何罪？」楚成王見聯軍來勢洶洶，只好派大夫屈完向齊求和。桓公考慮到楚國地域遼闊，兵強馬壯，便答應和楚訂立盟約。這是中原諸侯國在齊桓公的親率下第一次聯兵伐楚，使楚國北上受挫。

　　魯莊公去世後，莊公的三個弟弟和齊桓公的妹妹、魯莊公

夫人哀姜，為了立君之事互相殘殺，使得國家政局大亂。齊桓公派兵幫助魯國平定叛亂，並立公子申為君，即魯僖公。在這場激烈的爭奪中，齊桓公秉公而斷，召回哀姜斥問：「魯國兩次殺君都跟你有關，對齊魯兩國關係影響甚大，你還有什麼臉面見人？」而後逼她自盡。魯僖公一即位，齊桓公立即派上卿高子去和魯結盟，穩定了僖公的君位，使當時在中原極具影響力的魯國真正開始尊齊國為霸主。

魯國既服，齊桓公威名越振，諸侯悅服，桓公的霸主地位更加穩固。公元前658年，齊桓公聽衛國、邢國使臣報說北狄入侵兩國。桓公一問原因，衛國是因衛懿公終日玩弄寵物，不理國政，邢國則因國小力弱，兩國均被狄人乘虛而入。桓公問管仲：「是否該派兵援救？」管仲回答：「列國都尊敬主公，只有派兵援救，才能威信。」桓公便讓在齊國當官的衛公子燬，協同齊長公子無詭率兵趕走狄人，幫助衛國百姓重建家園，之後燬即位為衛文公。齊人還聯合魯、宋救邢。狄人一看三國救兵已到，搶先掠奪財物，放火燒城，再逃之夭夭。邢侯叔顏見了桓公哭倒在地，桓公急忙扶起安慰他，為來遲一步深感內疚，於是發動三軍幫助邢國在夷儀重建國都。

驅戎趕狄、平魯伐楚、救衛助邢等功績，使齊桓公再次提高威望霸業達到頂峰，就連周王室想裁決一件大事，也要請齊桓公召集各會盟諸侯國共同商議。

公元前655年，周惠王想廢黜太子鄭而立少子叔帶。齊桓公認為此舉違反「立長」的周禮，惠王懼於桓公的壓力只好作罷。桓公便召集各諸侯會盟，確定了太子鄭的地位。過了三

年，周惠王去世，太子鄭怕叔帶爭位，便向桓公求救。齊桓公於是重邀各諸侯和王室代表，在洮會盟，立太子鄭為周天子，即周襄王。為酬謝齊桓公，在桓公大會諸侯於葵丘之時，襄王派使臣宰孔到會，以祭肉賞賜桓公。

六年之後，周襄王之弟叔帶勾結戎、狄，兵圍京城雒邑，襄王派人向各諸侯國求救。齊桓公派管仲率軍救援。戎軍憚於齊的強悍而退兵，並派使者到齊營謝罪。管仲以「共尊王室」的大義規勸戎王親自拜見周襄王求和，戎王照辦。

英雄末路

齊桓公即位以來，在管仲、鮑叔牙等幾位重臣的輔佐下，不但把齊國治理得風生水起，還能幫助周圍弱小的諸侯國。可是他在晚年卻犯了一個致命的錯誤：沒有接受管仲的臨終之言，繼續留用小人干涉國政，以致葬送霸業。

齊桓公有三個夫人和十幾個妃子。三位夫人未有子嗣，而受寵幸的六個妃子各有一子：長衛姬生公子無詭；少衛姬生公子元；鄭姬生公子昭；葛嬴生公子潘；密姬生公子商人；宋華子生公子雍。無詭最年長，且侍奉桓公時間最長；昭卻最賢能。

桓公問管仲：「相國，你對立誰為太子有什麼意見？」管仲素知易牙、豎刁二人奸佞，又得寵於長衛姬，若日後立無詭為君，必定內外勾結擾亂國政；公子昭是六位公子中最有能力的一位，為鄭姬所生，若立昭為太子，對於齊、鄭的友好關係會更加牢固。便說：「要繼承霸業，非立賢明的公子不可。既

然主公覺得昭賢明，何不立他？」桓公聽了雖然表示贊同，但是沒有採取實際的措施，遲遲不宣布立誰為太子。

公元前654年，管仲因為長年的奔波辛勞終於病倒。桓公幾次前往問候，握著他的手問道：「仲父這次病得太厲害，如果一時難以康復，我該將大任委託於誰呢？」管仲感嘆道：「可惜啊！寧戚早死，現在只有隰朋、鮑叔牙最合適。但是恐怕隰朋也年事已高了呀！」

管仲告誡桓公，一定要遠離易牙、豎刁、開方三人。桓公不解地問：「這三個人棄子棄親，效忠於我身邊多年，為什麼不可以繼任？」管仲解釋道：「此三人為了迎合君主，狠心殺害自己的骨肉、不愛惜自己的身子、不尊敬自己的父母；他們親近您是另有所圖，總有一天會原形畢露的。」並一再請求桓公一定要逐走他們三人，免得滋生禍患。第二天，管仲病逝，齊桓公遵從管仲的遺言，將易牙等三人逐出宮去，並任隰朋為相。但不到一個月，隰朋就病故了，桓公只好再任鮑叔牙為相，一切沿襲管仲定下的政策。所以各諸侯國君都還能聽從齊的號令。

不久，淮夷侵犯杞國，杞人求救於齊，齊桓公親會宋、魯、陳、衛、鄭、許、曹七君率師救杞，並把杞都遷到緣陵。公元前644年，北戎再次進攻周王室，桓公又下令各諸侯國發兵討伐。同年，晉公子重耳因內亂出奔齊國，桓公熱情款待重耳，並鼓勵他待機復國。重耳在齊國一住就是好幾年。桓公還贈以齊女，嫁之為妻。

齊桓公自逐走易牙等三人後，經常茶飯不思，在長衛姬的

慈惠下又召回他們。鮑叔牙十分為國家的前途擔憂，數次勸諫，但桓公置若罔聞，鮑叔牙不久便抑鬱而死。三個佞臣重新得勢，少了管仲和鮑叔牙的制衡，更是橫行霸道，專權謀亂。隨著老臣們相繼去世，齊桓公在國事上感到孤立無援，心力不濟，長年沉溺於酒色。易牙等三人乘虛而入，逐漸掌握國政。公元前643年，七十三歲的齊桓公一病不起，呼喚左右竟無人應答。易牙、豎刁、公子無詭、長衛姬等人趁機，命人在桓公的寢宮外築起高牆，只留一個洞口留作觀望用，還假傳君命：任何人不得入內。

　　突然一日，迷迷糊糊的桓公聽見有人自窗而入，便問：「是誰？我好餓，給我弄點吃的來。」來人含淚說道：「我是您的小妾晏娥，什麼東西都沒法弄進來，連水都不行。我是偷偷從樹上爬過來的，易牙、豎刁等人守在外面，不許任何人進來，公子昭也被擋在外面。」這時，桓公老淚縱橫地嘆道：「仲父是個有遠見的人，我卻糊塗到如此地步，真不該辜負仲父的囑咐啊！」一會兒又奮力急呼：「天啊！我小白叱吒風雲一生，難道就這樣完了……」話沒說完，連吐幾口鮮血，頭一歪便斷了氣。懷抱著桓公的晏娥見狀，痛不欲生，隨後朝著門柱猛撞，追隨桓公而去。

　　齊桓公一死，爭奪君位的混亂隨即展開。兩個多月後，公子無詭在奸人易牙、豎刁的推舉下即位。公子昭連夜逃往宋國，其他公子見大勢不妙也紛紛出逃。而早已腐爛不堪、屍蛆滿布的齊桓公屍體，直到這時才草草入殮。

　　公子昭逃到宋國後，向宋襄公哭訴，宋襄公於公元前642

年，聯合衛、曹、邾四國之師攻打齊國，殺死無詭和豎刁，轟走易牙，立公子昭為君，這便是齊孝公。

齊桓公一生顯赫，是位雄圖大略的統治者，在國內實施了一系列改革，使齊國富強，進而成為春秋戰國中第一個霸主。他心胸開闊，重用有著一箭之仇的管仲，在他的輔佐下，實現了「九合諸侯，一匡天下」的理想；然而，卻因為寵信易牙、豎刁，落得晚年饑病而死，屍體十個月後才入棺的淒涼下場，讓人唏噓不已。

第二章
落難公子立志傳：晉文公

晉文公姓姬，名重耳，公元前639到前628年在位。他的人生非常坎坷，雖貴為晉獻公的兒子，卻被迫逃亡，在外流浪十九年才得以歸國即位，晉文公雖只在位八年，卻是晉國國君中，政績最為突出的一位，通過國內的一系列政治、經濟的改革，為晉國的繁榮富強打下基礎，使晉國成為實力強大的霸主。

懼禍流亡

申生、重耳、夷吾、奚齊、卓子都是晉獻公的兒子，申生是太子，重耳和夷吾是狄人所生，奚齊和卓子分別是妃子驪姬和她陪嫁的妹妹所生。

晉獻公晚年十分寵信驪姬。驪姬為了讓奚齊繼承君位，陷害太子申生。太子一死，重耳和夷吾知道接下來就輪到他們倆，便決定逃出晉國。

重耳逃到了蒲城，晉獻公還不罷休，派宦臣寺人勃鞮帶兵追殺重耳。蒲城是重耳的封地，那裡的百姓願意為他作戰，重耳卻說：「靠著君父的任命，我才能享受俸祿，得到百姓的擁戴，得人擁戴卻跟君父對抗，沒有比這更大的罪惡了，我還是逃走吧！」不料寺人勃鞮追了上去，一把拉住袖子舉刀就砍，還好只有一塊衣袖被砍掉，重耳逃到了他姥姥家狄國。他的舅

舅狐偃、謀臣趙衰、顛頡、魏武子、司空季子、介子推等人都跟隨他一起逃亡。

死了一個太子，跑了兩個公子，奚齊就成了晉國的太子。重耳逃到狄國的第五年，晉獻公死了，奚齊和卓子也被人殺害，晉國沒有了國君。此時，野心勃勃的秦穆公出來干涉，想以此擴張自己的勢力。

他派公子縶分別向重耳和夷吾弔唁，以探聽他們的動向。縶對重耳說：「奪取君位機不可失，公子您怎麼不深加考慮呢？」重耳深謀遠慮，他知道時機尚未成熟，不便行動。於是說：「父親剛過世，做兒子的只感到悲痛，哪敢有什麼妄想？」

然而，當縶對夷吾說同樣的話時，夷吾卻私下對縶表示：如果秦穆公肯幫助他回到晉國，他願贈給秦穆公豐厚的謝禮。秦穆公決定立夷吾為國君，即晉惠公。

重耳在狄國一住就是十二年，晉惠公夷吾怕重耳搶他的君位，派寺人勃鞮再次前去行刺，重耳得知後被迫再次逃命。後來跟隨他的那班人差不多都到齊了，唯獨差一個頭須，原來這人攜財物逃跑了，而偏偏行李、盤纏都在他那兒。重耳一行人處境更加艱難了。

重耳一班人馬要到齊國，但是得先經過衛國，衛文公不許他們進城，氣得他們火冒三丈，只能繞道而走。途經五鹿的時候，他們個個飢腸轆轆，只好向一個鄉民討飯吃，鄉民先奚落他們一番，然後嘻嘻哈哈送來一塊土疙瘩。重耳看見鄉民如此無禮，惱羞成怒，揚起鞭子就要打他，狐偃連忙勸阻：「這不

正是上天要賜與您土地的吉兆嗎？」重耳聽了，立即叩頭接受了那塊土疙瘩。

　　他們餓著肚子走了十幾里，再也走不動，只好在一棵大樹底下稍事休息。有人摘些野菜，煮了野菜湯，送去給重耳吃，可是重耳哪裡吃得下這種東西？他皺著眉頭把野菜湯還給他們。狐偃說：「趙衰那兒還有一竹筒稀飯，他怎麼又落在後面了？」魏武子撇了撇嘴，說：「別提了！一筒稀飯，他自己都不夠吃，哪裡還能留給我們。」

　　這時，介子推端來一碗肉湯給重耳。重耳一嘗，味道還不錯，一口氣吃個精光。吃完了，他才問：「這肉湯是怎麼來的？」介子推說：「是從我大腿上割下來的。」重耳一聽，淚流滿面，介子推說：「只願公子能夠回國做一番事業，我這一點疼痛算得了什麼。」這時候趙衰也趕到了。他說：「我腳底下全起水泡，便走慢了。」說著，把一竹筒稀飯捧給重耳，重耳說：「你吃吧！」趙衰不肯，隨後重耳在稀飯裡加了點水，分給大夥兒，一人一口。魏武子見狀便不好意思地低下了頭。

　　他們就這麼有一頓沒一頓地來到齊國，齊桓公大擺筵席為他們接風，還幫重耳娶了妻子，又送給他八十匹馬。重耳舒舒服服一住就是幾年，不想走了。狐偃等人認為這樣待下去會誤了大事，便在桑樹林子裡祕密地計畫，先把行李搬出來，然後請公子出來打獵，到了城外，就請他離開齊國。他們的計畫恰巧被一個採桑葉的女奴聽到，並告訴重耳夫人姜氏，姜氏深明大義，也認為重耳應該離開齊國，便與狐偃商量了一個辦法。晚上，姜氏用酒灌醉重耳，狐偃等人把他抬到車上，離開齊

國。

他們到了曹國，曹共公聽說重耳的肋骨連在一起，想一探究竟。當重耳洗澡時，曹共公走近他身邊看他的肋骨。曹國大夫僖負羈回到家對他的夫人說起這件事，夫人說：「晉公子有那麼多的能人跟著，他一定能回國主政，到那時候，他如果要報仇，曹國必定首當其衝。你不如跟他結交為友，為自己留個後路。」於是僖負羈備好酒食，還在盤裡藏了一塊玉。重耳收下酒食，卻退回那塊玉。僖負羈說：「公子重耳正需要盤纏的時候，仍不肯接受我的禮物，可見他的志向不小！」

重耳一行人離開曹國來到宋國，宋襄公送給他八十匹馬，很快地把他們打發走了。他們到達鄭國時，鄭文公不理他們。鄭國大夫叔詹對鄭文公說：「晉公子有三件事是上天的恩賜，可見是要立他為晉國的國君。第一件，男女若同姓結婚，子女必不旺盛，晉公子的父母均為姬姓，他卻一直生機勃勃地活到現在；第二件，他流亡在外，上天一直不讓晉國安寧，大概是在為他回國創造局勢；第三件，有幾個具有才能的賢士追隨他到處流浪。因此我們應當禮遇他們。」可是鄭文公卻毫不理會。

楚成王就不同了。當重耳他們到達楚國之後，楚成王以貴賓招待他。有一天，成王問重耳：「如果公子將來回到晉國，你拿什麼來酬謝我呢？」重耳說：「金銀財寶貴國應有盡有，我實在想不出可以用什麼來報答您。」楚成王又說：「話雖是這麼說，但你多少總得報答我吧！」重耳回答：「如果我能回到晉國，一定跟貴國友好往來，讓兩國的老百姓都過太平的日

子。萬一晉楚兩國發生戰爭，為了報答您的恩德，晉國軍隊將會退避三舍。如果楚國還不退兵，那麼，我將左手提著弓，右手摸著箭袋，與你們周旋到底。」重耳這番委婉的說詞，實際意思是，如果晉楚兩國交兵，我先退九十里以報今日之恩，然後就不客氣了。

楚國大夫子玉一聽，請求楚成王殺掉重耳，楚成王卻說：「晉公子志向遠大且嚴於律己，善於說辭且禮數周到。他的隨從態度恭敬而待人寬厚，才能過人又忠心耿耿。現在晉國的國君失去人心，國內外的人都討厭他。上天若要讓他興旺，又有誰能夠除掉他呢？違背天意必定大難臨頭。」

有一天，楚成王對重耳說：「秦穆公派人來我這兒，請公子到那邊去。敝國離貴國太遠，如果我要送您回去，得路過好幾個國家。秦國與貴國離得最近，秦穆公肯幫助您回國，這是再好不過了，您還是到秦國去吧！」於是，重耳一行人到了秦國。

當初秦穆公立公子夷吾為國君，即晉惠公，沒想到他竟恩將仇報。秦穆公為了控制在秦國做人質的晉公子圉，便把女兒懷嬴嫁給他，公子圉聽說他父親病了，怕君位傳給別人，就偷偷跑回去繼承君位，為晉懷公，也不跟秦國來往。秦穆公後悔當初立了夷吾，因此，他決定要立公子重耳做國君，於是把重耳從楚國接來。

重耳一到秦國，就受到非常熱情的接待，秦穆公甚至把五個女兒都嫁給他，其中一個就是懷嬴。有一次，懷嬴捧著盛水器倒水給重耳洗手，洗完後重耳揮手叫她走開，懷嬴非常生

氣，說：「秦國和晉國是平等的國家，你憑什麼輕視我？」重耳聽後，馬上意識到自己的行為欠妥，便脫去上衣，自囚以謝罪。

有一天，秦穆公設宴款待重耳，趙衰陪同前往。宴會上，重耳朗誦《河水》一詩，表示晉國將歸向秦國；秦穆公朗誦《六月》一詩，預祝重耳事業成功，並勉勵他輔佐周天子。

奠定初基

公元前636年，秦穆公派兵護送重耳回國即位。走到黃河邊準備上船的時候，看管行李的人小心翼翼地把所有的東西都搬上船，這是因為他忘不了以前受的那些苦難，連一些破破爛爛的東西都沒丟掉。重耳看見了，便哈哈大笑說：「我現在是去當國君，想要什麼就有什麼，還留著這些破破爛爛的東西幹什麼？」狐偃見了，就拿著一塊白玉對重耳說：「我牽著韁繩隨您走遍天下，您現在馬上就要回國了，請允許我離開您吧！」重耳說：「你們跟著我吃了十九年的苦，現在怎麼說要離開呢？」狐偃說：「從前公子落難，我多少對您還有點用處，現在您做國君了，自然另有一批新人供您使喚，我們好比那些破爛，還留著幹什麼？」重耳聽罷，臉一紅，馬上發誓說：「我如果不與舅舅一條心，任憑河神懲罰！」說完，把那塊白玉投入黃河，這一舉動消除了老臣們的顧慮，使他們一如既往地為重耳盡忠盡力。

他們過了黃河，接連攻下幾座城，晉懷公逃走，大臣們迎接重耳，立他為國君，就是晉文公。晉文公四十三歲逃往

狄國，五十五歲到齊國，六十一歲到秦國，即位的時候已經六十二歲了。

晉文公即位第二天，就派人刺死逃亡的晉懷公，以絕後患。懷公原先的心腹呂甥等人心生害怕，便聯合寺人勃鞮密謀焚燒晉文公的宮室並殺死文公。寺人勃鞮想把這事告訴晉文公，可是文公卻推辭不見，說：「蒲城那場戰爭，獻公命令你一天後到達，你當天就到了；後來我跟隨狄國國君在渭水邊打獵，你替惠公來追殺我，惠公令你三天到達，你第二天就趕到了。我被你砍掉的那截衣袖還留著，你還是趕快走開吧！」

寺人勃鞮回答：「對於國君的命令必須一心一意執行，這是自古以來的制度，為國君除惡，就得盡力而為。您在蒲城和狄國時就是蒲人和狄人，殺個蒲人或狄人，跟我有什麼關係呢？如今您當了國君，難道就沒有反對您的蒲人和狄人嗎？當年齊國的管仲事奉公子糾，與桓公爭奪君位，公子糾命管仲射桓公，射中了帶鉤。齊桓公尚且起用管仲輔佐自己。您要是沒有齊桓公那樣的寬宏大量，又何必勞您下令驅逐我呢？」於是文公召見了他，知道即將發生的禍事，因而避免了一場大災難，並且除掉呂甥等人。

叛亂平息後，晉文公一直想不出安定民心的辦法。有一天，當初攜帶財物逃跑，害得大家吃盡苦頭的頭須求見晉文公，晉文公一見他就罵說：「你這叛徒，竟還有臉來見我！」頭須說：「呂甥手底下的人多，他們怕主公追究，因此人心惶惶。當初我偷了您的財物，這件事晉國人人皆知，主公如果任用我做您的車夫，讓大家都知道您不記舊仇，連我這麼大的罪

過都不追究，別人自然可以放心了。」晉文公覺得有道理，當真讓他作了車夫，特意派他趕著馬車到處兜轉，果然取得良好的效果，民心安定，連以前反對他的人也樂於擁護他。

晉文公的君位穩定之後，他開始大賞功臣，尤其是當初跟他一起逃亡的那一批人。他要每個人說出自己的功勞，然後論功行賞，許多人都踴躍地前來邀功，只有當初割大腿肉給國君解餓的介子推不提自己的功勞，賞賜自然也就沒有他的份。

介子推回到家裡對母親說：「獻公的兒子現在只剩公子重耳了，上天沒有斷絕晉國的世系，晉國肯定會有君主，不是文公還有誰呢？這是上天的安排，那些人自以為是他們的功勞，真是狂妄啊！偷竊別人財物的是盜賊，又何況貪天功以為己有呢？下面的人把這種罪惡當成正義行為，上面的人獎賞這種行為，上下互相矇騙，我無法和這樣的人共事。」於是，他帶著母親到綿上隱居。

晉文公知道這件事後派人到處尋找，可是始終沒有找到，於是就把綿上作為介子推的祭田，他說：「用這件事來記住我的過錯，並且以此表彰好人。」

民心安定，政權也穩定了，晉文公成功邁出治國的第一步，下一個目標就是要實現他稱霸天下的雄心。為此，他採取了一連串措施。

首先，放下身段與民同苦樂，凡有美味酒肉，他都與朝中的大臣們共同享用，酒一釀好，便拿去給人喝，就連殺一頭牛都想著讓都城的百姓得到實惠，一年織成的布匹也都分給士兵做衣服；其次，減輕關市的徵稅，減輕刑罰；最後，撫恤

孤寡，民眾遺失財產，官府親自派人補進，布施貧民，救濟饑荒，使百姓安居樂業。

晉文公問狐偃：「我這樣做足以讓百姓為我作戰了嗎？」狐偃回答說：「不行。您所做的這些只不過是幫助百姓維持生計，要想讓他們甘心死戰，關鍵是有功必賞，有過必罰，百姓們既有利益的刺激，又有違命受罰的恐懼，自然會拚命力戰。」晉文公決定按這個辦法去做。

有一次，文公傳令到圃陸去狩獵，約定正午趕到。遲到者依軍法行事。一向為文公所寵愛的顛頡卻偏偏遲到了，為了向百姓明示自己執法有信，文公流著眼淚下令斬殺顛頡。此後百姓都非常害怕地說：「君主對顛頡那麼寵愛及重視，他犯了軍法都被毫不留情地依法治罪，何況對於我們這些百姓呢？」目的達到後，於是晉文公開始了他爭霸的大業。

晉文公決定興兵攻打原國，他只讓軍隊帶三天的糧草，並和軍士們約定：三天要攻下原國。打了三天仍沒有攻下來，晉文公下令鳴金退兵。有人從原國跑出來說：「原國準備投降了。」大臣和身邊的侍從們也都紛紛規勸：「原國城內的糧食就要用盡，人也筋疲力竭，您不妨暫且等一等。」文公說：「信用是國家的根本，我和大家約定三天為期，如果時間到了不撤兵，就是失信。為了得到一座城而失去晉國的信用是划不來的。」於是就撤兵回國。原國的百姓聽說這件事，便說：「竟有這麼重信用的君主，我們不如歸順他吧！」於是原國人就向這位堅守信用的君主投降。晉文公靠著守約建立起自己的威信，他非常明白取信於民的重要性。

終成霸業

晉文公即位的第二年，周王室發生內亂，周襄王的異母弟王子帶勾結狄人篡奪王位。周襄王逃到鄭國避難，雖說這時周王室已衰弱，但是仍保持著「天下宗主」的地位，各諸侯國依然必須服從他。

有人對周襄王進言：「秦國和晉國的君主都想當霸主，只有他們能護送您回到洛陽。」於是周襄王派了兩個使者分別去見秦穆公和晉文公。

晉文公知道這是一個立功的好機會，決定發兵攻打洛陽，得知秦穆公已經率領大軍前進到黃河邊，準備送周天子回國時，他立刻派人去見秦穆公，說：「敝國已經發兵護送天子，您不必勞駕了。」於是秦軍便退回去。後來晉軍打敗狄人，殺了王子帶，順利護送天子回到京城。周襄王大擺酒席，慰勞晉文公，還賜給晉國溫城、陽樊等四城，從此，晉國在太行山之南也有了疆土。晉文公不僅在天子面前立了大功，還得到封土。

正當晉國國勢日趨強盛的時候，南方長江流域強大的楚國也正向中原黃河流域擴展勢力範圍，各國常受到楚國的侵擾和威脅。晉國想要成就霸業，就必須向南擴展疆土，和楚國交鋒勢不可免。

公元前633年冬，楚成王會合幾個諸侯國攻打宋國。宋國派人向晉國求救，晉文公召集大臣們商量對策。晉國大夫先軫說：「要報答流亡時宋國的贈馬之恩，解救宋國的危難，建立在諸侯中的威望，成就晉國的霸業，就在此一舉了！」狐偃獻

策說：「曹國和衛國本來就跟我們有仇，最近又歸附於楚國，我們只要去攻打他們，楚國一定會派兵援救，那麼一來，宋國就可免受威脅了。」文公覺得他們說得有理，決定進攻曹、衛兩國。

想要打敗楚國，光靠晉國這點兵力是不夠的。趙衰便出了主意：「大國應有三個軍，而現在晉國只有兩個軍，這樣的晉國能算是大國嗎？我們早就該備有三個軍了。」於是晉文公擴充軍隊，很快地編成了上中下三個軍，隊伍整齊，士氣高昂。

公元前632年冬，晉軍攻占衛國的五鹿和曹國的都城，捉拿了曹國國君曹共公，總算出了以前逃難時所受的氣。這時，宋國又派人向晉國求援。晉文公與大臣們商量說：「宋國來求援，如果我們袖手旁觀，不予理睬，兩國就會斷絕來往。如果我們請求楚國退兵，楚國一定不會答應；齊國和秦國又不同意我們跟楚國打仗，怎麼辦呢？」大臣們紛紛出謀獻策，各抒己見，最後決定讓宋國撇開晉國，前去賄賂齊國和秦國，請他們出面要求楚國撤兵。晉國扣留曹共公，把曹、衛的一部分土地分給宋國。但楚國捨不得曹、衛二國，肯定不會接受齊、秦的請求，這樣一來，齊、秦二國既樂於接受宋國的賄賂，又惱恨楚國的頑抗，肯定會對楚國開戰。

果然，齊、秦兩國也出兵參戰。晉文公率領大軍向圍困宋國的楚軍逼近。楚成王看到晉軍來勢洶洶，就告誡前線統帥子玉不要追擊晉國軍隊，並說：「重耳在外流浪十九年，現在已經六十多歲，歷嘗各種艱難困苦，經驗相當豐富，我們跟他正面衝突，未必能占上風，你還是趁早撤兵回來吧！」可是子玉

剛愎自用，一意孤行。

他派大夫宛春對晉文公說：「楚國對於曹國和衛國，正像晉國對於宋國一樣，如果晉國恢復曹國和衛國，我們就解除對宋國的包圍。」先軫勸晉文公：「我認為應該答應他，人家楚國一句話便安定了三個國家，而我們一句話卻破壞了三個國家的安定；這一來，我們顯得無禮，如何跟楚國作戰？不答應楚國的建議，就等於是拋棄宋國，要救宋卻反而棄宋，怎麼對諸侯各國交代？楚國這麼一做，就對三國有恩，而我們這麼一做，卻與三國結怨，又如何與楚國作戰？不如暗地裡恢復曹、衛二國，拆散他們與楚國的同盟關係，拘禁宛春，以激怒子玉。等到決戰以後，再考慮是否讓曹、衛二國的國君復位。」晉文公採納了先軫的建議。於是宛春被扣押，晉國暗中恢復了曹、衛二國，曹、衛二國便與楚國斷絕了往來。

子玉又氣又惱，氣勢洶洶地向晉軍猛撲過來，晉文公命令晉軍撤退。將士們都滿腹疑雲，他們說：「國君統率的軍隊卻要躲避由一個臣子統率的軍隊，真是一種恥辱！況且楚國軍隊長期在外作戰已經疲憊不堪，我們為什麼要躲避他們？」狐偃回答說：「軍隊為正義而戰就理直氣壯，為不義而戰便理虧氣短，作戰的意義豈在出兵時間的長短？如果沒有當年楚國的恩惠，就沒有今天的我們，對楚軍退避三舍，正是為了報恩。如果我們不躲避楚軍，就會背信棄義，造成我軍理虧而楚軍理直的形勢。楚軍一向士氣旺盛，不能說他們疲憊不堪。如果我軍後退，楚軍也後退，那麼我們的目的就達到了，還要求什麼呢？如果楚軍還不肯後退，而我們國君後退，其臣子還要進

犯，這就是他們理虧了。」於是，晉軍後撤九十里，一直退到城濮。楚軍官兵要求停止追擊，子玉執意不聽，率兵追到城濮。這時，秦、齊、宋三國的兵馬也先後來到。雙方的軍隊都在當地駐紮下來。

晉文公知道子玉的厲害，將士們也都知道楚國沒打過敗仗，大家心裡多少有點兒害怕，晉文公也猶豫不決。有一晚，晉文公作夢與楚成王摔跤，楚成王壓在自己的身上，還用嘴咬自己的腦袋。晉文公認為這是戰敗的徵兆，因而感到害怕。狐偃說：「這是吉兆啊！您仰面朝天，分明是得到老天爺的幫助；楚成王壓在您的身上，面地背天，是『伏罪』徵兆。」晉文公聽了，膽量陡增，鼓勵將士們準備與楚軍決戰。

子玉派莽勃到晉軍挑釁，他引用子玉的話說：「我想和您的軍隊比試比試，您可以靠在車軾上參觀，子玉我也奉陪！」晉文公派欒枝回答說：「我們的國君領教了。我們一直不敢忘記楚王的恩惠，所以才退到這裡。晉軍對子玉都退讓，怎敢與您君主對抗呢？既然得不到貴國撤兵的命令，就麻煩您轉告你們的其他將領，準備好兵車，好好為你們國君效忠，明早戰場上見。」

晉國兵車七百乘，擺成陣勢，戰馬全身披掛，威武嚴整。晉文公登上高台檢閱晉國軍隊，說：「上下一致，紀律嚴明，可以一戰！」於是砍伐許多樹木，用來支援打仗使用的兵器。

子玉把陳、蔡二國的軍隊列為右軍，中軍和左軍由楚軍組成，子玉直接指揮中軍，右軍和左軍分別由莽勃和子西指揮，子玉在將士們面前驕傲地宣稱：「今天一定可以消滅晉軍！」

晉國下軍副帥用虎皮蒙上戰馬，首先攻打右軍，右軍潰逃。在古代，中軍是主帥，只有中軍才能豎立兩面大旗，狐毛所率領的上軍卻故意設立兩面大旗，假裝敗退，以引誘楚軍孤軍深入。欒枝也命令下軍的士卒，拖著樹枝假裝敗逃，子西率領的楚左軍追趕上來，此時，先軫率領中軍和親兵攔截楚左軍，狐毛、狐偃指揮上軍也回軍從兩邊夾擊，於是楚左軍潰敗。子玉見情勢不妙，急忙收住他的中軍，奪路而逃。

戰後，晉文公在踐土為周襄王修建行宮，還把陳國、蔡國和楚國的俘虜獻給周襄王。周襄王聽到晉國打敗楚國的消息，一則以喜，一則以憂，喜的是今後楚國大概不敢再來侵犯中原了；憂的是晉國太強，以後不好對付。他派大臣王子虎前去慰勞晉文公。晉文公抓住這個機會，於公元前632年和王子虎及齊、魯、宋、衛等七國國君在踐土訂立盟約，盟約上言明：「大家全力扶助周王室，不得互相侵害。如有違反盟約，神靈則予嚴懲，使其喪師敗軍，國命不長；即使傳到玄孫，無論老幼，如有違背此盟，也會遭到神靈的嚴懲。」當時就正式稱晉文公為盟主。同年冬，晉文公又會諸侯於溫，周襄王也被請赴會。周天子賜給文公一輛大禮車、一輛大戰車和配套的服飾儀仗，任命晉文公為諸侯之長，命他安撫四方諸侯，監督和懲治危害周王的人。從此晉文公成為霸主。

第 三 章
一鳴驚人的大鳥：楚莊王

楚莊王自前613年至前591年在位，芊姓熊氏，名旅。他即位之初，內有權臣鬥越椒把持朝政，外有強大的晉國和秦國虎視眈眈。經過三年不理朝政的蟄伏期後，莊王開始勵精圖治，不僅除掉作亂的鬥越椒，還整頓內政、重用賢才，訓練軍隊，使朝野清明，百姓安居，國力日盛，終於使自己威名遠揚，楚國稱霸中原。

大臣死諫

晉、楚城濮大戰之後不久，楚成王就被自己的兒子商臣害死，商臣即位成為楚穆王。楚穆王對城濮戰敗的恥辱念念不忘，發誓要報仇雪恨。他開始練兵備戰，先把附近幾個小國家滅掉，然後又拉攏中原的鄭國、陳國，打開了通向晉國的大門。正當他準備大顯身手之際，卻突然病死。他的兒子旅在西元前613年即位，就是楚莊王。

楚莊王工於心計、足智多謀，看到自己剛剛即位，國內的局勢還沒有穩定下來，而且晉、秦兩國的氣勢正蒸蒸日上，那些小國家則像風中的小草一樣，老是隨風搖擺，很是憂心。更使他感到憂慮的是，自己身邊還沒有非常得力的助手足以應付這一切，且相國鬥越椒權大勢重，野心勃勃，要是自己一不小心，那帶來的後果將是毀滅性的。所以楚莊王即位後，有三年

之久，整天不做任何事情，只是喝酒、打獵，看上去就好像一個胸無大志之人，甚至還在王宮的門口掛上一塊大牌子，上面寫道「誰敢勸諫，立斬示眾」，他倒要看看這滿朝文武到底有沒有人真的不怕死。

在這樣的現實下，一些本歸附於楚國的小國又倒向晉國。楚國的大臣們都很著急，可是因為楚莊王頒布那樣的禁令，又由於害怕鬥越椒，所以誰都不敢向楚王進諫。

有一天，大夫申無畏到王宮去見楚王。當時，楚莊王的宮廷中樂音嫋嫋，歌聲悠揚，宮女們舞姿翩翩，楚莊王在酒色之中觀賞舞蹈。申無畏摸不透他的心思，只好拐彎抹角地對他說：「大王啊，有人給我說了一個謎語，我怎麼也猜不著，只好特地跑來向大王您求教！」

楚莊王喝了一口酒，斜著眼睛對他說：「說來聽聽！」

申無畏說：「在我們楚國的京城，有一隻大鳥，身上的羽毛五色斑斕，看上去又美麗又嬌貴，可牠一停在那裡就是三年，不飛也不叫，誰也不知道這是只什麼鳥？」

楚莊王一聽就知道申無畏是在說自己，他的黑眼珠轉了轉，說道：「這可不是一般的鳥！牠雖然三年都不飛，可是只要一飛，就會沖天而起；雖然三年都從不開口叫，可是一叫就會驚動世人！」

申無畏總算是摸到了楚莊王的心思，馬上說：「大王果然聰明絕頂，一猜就對，佩服！佩服！」

然而此事過去之後，楚莊王還是沒有動作，申無畏就找大夫蘇從商量，這次就讓蘇從出面。蘇從一見到楚莊王就大哭起

來，楚莊王大驚，連忙問道：「愛卿為何如此傷心呢？」

蘇從說道：「我為自己就要死去而傷心，也為楚國即將亡國而傷心！」

楚莊王不解地問：「這話怎麼講？」

蘇從說：「大王天天都在遊獵玩樂，楚國怎能不滅亡？我違反您的禁令，會被您殺死，但我死了之後還能落下一個國之忠臣的美名，可是楚國滅亡了，大王您就會落下個亡國之君的罪名！我的話說完了，您殺了我吧！」

楚莊王終於見到了大臣中不怕死的人，他說：「大夫對我說的都是金玉良言，我不會辜負大家對我的期望。」

自此以後，楚莊王就像換了一個人，樂隊解散了，舞女趕走了，也不去遊獵了，開始親自處理朝中的事務。楚莊王派三個大夫到相國鬥越椒的身邊，名義上是協助工作，實際上卻是削分他的權力，並把蘇從等敢於直諫的大臣都安排在重要的位置上。

問鼎天下除權相

楚莊王在改革國內政治的同時，還不斷擴充軍隊，準備和晉國開戰。就在即位後的第三年，他出兵滅了庸國；第六年，又一舉打敗宋國；第八年，他擊退戎族，還借機向周天子試探和示威。

一次，他向前來慰勞的周天子使者王孫滿問：「周朝宗廟裡的九鼎到底有多重？」當時九鼎是周朝祭祀祖宗的祭器，也是周朝權力的象徵，問鼎的用意就在於表明楚莊王要奪取周天

子的天下。

王孫滿機智而巧妙地回答道：「周天子之所以能夠長期統治天下，是因有德而非有鼎。有德，鼎就顯得重；無德，鼎就顯得輕。周朝雖然已經衰弱不堪，可是上天給予的命運卻沒有改變，所以你不必問鼎的輕重！」

楚莊王說：「原來如此，多謝指教！」他覺得此時楚國內部還有不少隱患，外部也還有強敵威脅，自己還沒有問鼎天下的能力，也就找個台階下來了。

隨後他決定率兵返回楚國。就在他回楚國的途中，鬥越椒在都城叛亂了。鬥越椒先是攻占郢都，然後又派兵攔截楚莊王的部隊。楚軍這時因為長期征戰，已經疲憊不堪。楚莊王知道在這種條件下不可和他硬拼，就派蘇從前去議和，以迷惑鬥越椒。鬥越椒果然上當了，以為楚軍的確士氣不振，不堪一擊，他的氣焰就更是囂張，居然要楚王投降。

楚莊王假裝退兵，在晚上把一部分兵力退到了漳水西岸，讓另一部分人馬埋伏在漳水東岸。鬥越椒發現對岸有楚軍在活動，就急忙追過河去，結果腹背受敵，而漳水上的橋又被楚軍拆掉，叛軍只好涉水逃命。在楚軍和叛軍的混戰中，鬥越椒被楚軍大將手下的神箭手養由基一箭射死，楚軍又分頭追殺叛軍，結果大獲全勝。

楚莊王回到郢都後，為慶功大宴眾臣，還讓自己最心愛的許姬為大家敬酒。這個許姬長得非常嬌美，正當她為大家敬酒的時候，忽然一陣大風吹來，蠟燭滅了，黑暗中居然有人偷偷地摸許姬的玉手。許姬就把這個人帽子上的纓子摘掉，向楚莊

王悄悄地告了一狀。

然而讓許姬感到意外的是，楚莊王馬上大聲對大家說：「不要急著點蠟燭，今晚讓我們盡興而歸吧，大家把帽子、外衣都脫了，以免拘束。」直到大家都脫去衣服，他才叫人把蠟燭點上，這樣一來就根本分辨不出到底是誰在黑暗中非禮許姬。事後，楚莊王對許姬解釋說：「見到了你這樣的美人，誰都會動心的，要是把那人查出來，豈不是把一個非常開心的慶功會辦成一個問罪宴？」

賢相孫叔敖

鬥越椒發起的叛亂被平息之後，為了穩固自己的統治，楚莊王聘請隱士孫叔敖擔任楚國的相國。

孫叔敖從小就是有膽有識的君子。據說他在年幼的時候，心地非常善良。有一次，孫叔敖出去玩耍，在山上的小路上看到一條蛇，奇怪的是，這條蛇的頭尾各長了一顆頭。在當地人的傳說裡，誰看到長著兩個頭的蛇，誰就會在當天不幸地死去。為了避免其他的人看到這條蛇，他就把蛇打死並且埋了起來。隨後，他急忙跑回家向母親哭訴道：「媽媽呀，人家都說看到兩頭蛇的人會死，我今天就看到兩頭蛇，為了不讓別人看到，我還把它打死，這下子，我就要死了！」

母親對他說：「別聽別人瞎說。你雖然看到兩頭蛇，可它並沒有咬你，說明老天並不想要你的性命。再說你為了大夥，又把它打死，這是為民除害，老天還會為此贊許你的，你又怎麼會死呢？吉人自有天相，你將來必定會有一番大作為的。」

　　孫叔敖當然沒有因為看到兩頭蛇而死去。他長大後為鄉親們做了不少好事，成為地方上很有名的一位賢士，可是他不願做官，只想留在家裡照料母親，不過他的好名聲很快就在楚國傳播開來。

　　有一天，楚莊王很晚才退朝，夫人樊姬關切地問他為什麼現在才回來，楚莊王說：「我在和我的賢臣交談，不知不覺天色就晚了。」

　　樊姬又問道：「跟你聊天的是哪一位賢臣啊？」

　　楚莊王說：「是虞丘子。」

　　樊姬覺得有些奇怪：「賤妾有幸得到大王的寵愛，我不是不想一個人專有你的愛，只是怕這種舉動會有礙於大王的仁義之心，所以我才推薦幾個人跟我一同侍候大王。而虞丘子做官也有好幾十年了，我從來沒聽說他舉薦過什麼賢能的人，如果知道有賢能的人而不舉薦，那是對大王不忠；如果是不能探察到有賢能的人，那就是無能，這樣的人怎麼能說是賢臣呢？」

　　楚莊王認為樊姬說得很對。第二天上朝的時候，楚莊王把這些話告訴虞丘子。虞丘子深感慚愧，馬上辭掉官職，並且向楚莊王推薦孫叔敖擔任楚國的相國。

　　孫叔敖剛上任就改革朝政，整頓軍隊；開墾荒地，給那些沒有地的人種；挖掘河道，興修水利，以疏通水患，灌溉良田。就這樣，楚國的抗洪能力提高了，糧食產量也增多，老百姓都念叨著孫叔敖的好處，楚國的國力也變得更強盛了。

　　鄭國的領土處在晉國和楚國的中間，鄭國不得不做了隨時事而變的「牆頭草」，於是有人向楚王建議，不如把鄭國滅

了，這樣可以免除後患。可是孫叔敖認為還是讓它臣服更好一些，因為滅國並不能滅掉他們的人心，如果採取激烈的手段，得到的也將是更強烈的反抗，反而會使鄭國倒向晉國。果然不出孫叔敖所料，晉、楚兩國後來終於為鄭國打了一仗，結果楚國獲勝。

楚國打敗晉國後不久，孫叔敖就病死了。臨死前他對兒子孫安說：「我有一個奏章，你拿去交給大王吧。我死後，你就回鄉下種地去，不要回來了。」

孫安把奏章交了上去，奏章上說：自己不過是鄉下的種地人，有幸蒙大王厚愛，現在又能在大王的庇護下死去，十分榮幸，只是遺憾沒有為大王多出一點力。我的兒子孫安，不成大器，能力太差，請大王允許他回到鄉下去。晉國雖敗，實力尚存，不可小看。楚國經過連年戰亂，百事待舉，望大王體恤民情，讓他們過幾年太平日子。這是為臣臨死忠言，還請大王明鑒！

楚莊王非常難過，好多天都茶飯不思，總是歎著氣說：「孫叔敖啊，你到死都不忘國家，實屬難得！你真是我的好幫手啊，可惜死得太早了！」他想拜孫安為大夫，可孫安終究還是依照父親的遺言，回鄉下去了。

楚莊王跟前有一個專門為楚王唱歌、說笑話的小丑，叫優孟。有一天，他看見打柴回家的孫安，當時孫安非常窮困，衣帽不全，而且缺乏柴米油鹽，優孟為此相當難過。

又有一次，楚莊王最心愛的一匹馬死掉了，他很傷心，就對大臣下令說：「你們趕緊找個天下最好的棺材把它裝進去，

外面再套一個好棺材，用大夫的禮儀埋葬它。」有個大臣勸他：「不就一匹馬嘛，怎麼能用大夫之禮埋葬它呢？」楚莊王勃然大怒：「誰要再說這樣的話，我就殺了他！」大臣們全都噤若寒蟬，只有優孟失聲痛哭，傷心至極。

楚莊王覺得很奇怪，就問他為何如此傷心。優孟回答說：「我是為這匹馬傷心啊！它是大王您最心愛的坐騎，我們堂堂楚國有什麼事辦不到呢？您居然只用大夫之禮來安葬它，這實在是太虧待它了。我覺得應該用君王之禮才對。微臣請求用雕花的玉石做棺材，外面再套上梓木做的大棺材。派士兵們挖個大坑，叫老百姓運土，祭品要用最上乘的東西，還要請各國的使臣都來吊唁它，當別國的諸侯們聽到這件事的時候，他們就知道我們的大王輕視人而看重馬啊！」

楚莊王這才明白，優孟是用巧妙的語言來諷諫自己。於是楚莊王叫人把馬肉燒得香噴噴的，分給大家吃了。

後來，因為楚莊王思念孫叔敖，就叫優孟說一段笑話給他解解悶。優孟說：「大王，今天我給您講個新段子。」楚莊王也很想聽聽他到底有什麼新東西。

優孟本來就有非凡的表演才能，這一次他扮演孫叔敖，把孫叔敖的言談舉止學得唯妙唯肖，同時，他又約好另一個藝人，讓他扮演楚莊王。最先出場的是「楚莊王」，他悲悲切切地說：「孫叔敖啊，孫叔敖！我可想死你了，能不能讓我見你一面啊？」

然後，優孟扮演的「孫叔敖」也走出來，他才走了幾步，楚莊王就迎上前去急切地拉著他的手說：「你還活著啊？」

優孟說：「我可是假的啊！」

楚莊王說：「不管你是真是假，我都要拜你為大夫！」

優孟說：「我只想做個贓官啊！」說完之後，他就脫去了「孫叔敖」的衣物，載歌載舞起來。優孟的意思是說：做贓官能夠得到很多錢，連子孫都可為此享盡榮華富貴。可是做清官就不同了，他們只能清貧一世，子孫更要為此受盡苦難，尤其是楚國相國孫叔敖，他一生都過著清苦的日子，連後世子孫都缺衣少食，無依無靠。

楚莊王馬上叫優孟把孫安找來，當他看到孫安窮酸的樣子時，不覺難過起來。他想拜孫安為大夫，可是孫安並不接受；又想封給孫安一座城，孫安還是不領情。孫安對楚莊王說：「既然大王一定要賞賜我，就請把寢丘那塊土地給我吧！先父臨終的時候就是這樣交待我的。」

寢丘不過是一塊誰都不想要的貧瘠之地，除了沙子，沒有一寸土壤，只有經過一番辛勞的開墾後，才能得到收穫。楚莊王不由得感慨萬分，他再一次聯想到孫叔敖的廉潔和對自己的忠心，就依言把那一塊薄田封給了孫安，從此之後，孫安和他的子孫們就靠著這塊貧瘠的土地過著自己的日子，再也沒有人出去做官。

公子宋嘗黿生禍

楚莊王一鳴驚人後，基業初定，他當然要同中原的霸主晉國好好較量一番。正好鄭國這時發生了內亂。

當時，鄭國的國君是鄭靈公。一次，有人從遠方給他帶來

了一隻大黿，這可是個不可多得的好東西，所以鄭靈公想讓眾大臣一同品嘗，也好讓他們記住自己的恩德。

那天，鄭國大夫公子宋和公子歸生一同上朝，公子宋的食指突然跳動起來，他就伸出指頭對公子歸生說：「你看，我的食指在跳動，看來一定會有好東西吃了！」歸生當然不會相信他的話。

哪知鄭靈公果然賞賜甲魚羹給大家吃。歸生因此指著公子宋笑著說：「他的手指真靈驗啊！剛才他的食指跳，他就說會有美食吃，我還不信，現在果然變成現實了。」

鄭靈公也覺得很好玩，順口說了句：「到底靈不靈還說不准呢！」

在分甲魚羹的時候，正好少了一碗，鄭靈公就叫廚子把最後一碗端給公子歸生，而讓公子宋沒得吃，他還繼續開著玩笑說：「本來是定好每人一碗的，可是輪到你面前就沒有了，可見你的手指也並不靈啊！」

公子宋是個好勝的人，所以當他在眾人面前說了大話而又享受不到美味時，就覺得非常尷尬，現在又給鄭靈公的這句話一激，哪裡還顧得上君臣之間的禮儀，他伸出食指就在鄭靈公面前的甲魚羹裡蘸了一蘸，然後放進嘴裡吮吸，發出嘖嘖的聲音，還說：「誰說我的食指不靈？我不是又嘗到美味了嗎？」說完就跑了。

鄭靈公見公子宋居然敢冒犯君威，不由得火冒三丈：「居然欺侮到我頭上來了，你等著瞧吧，看你有什麼好結果！」歸生和大臣們都紛紛跪下來為公子宋求情，鄭靈公也不便當場處

置公子宋，就暫時擱下此事，可是他心裡並沒有忘記，一直想找尋機會報復。

歸生雖然也和眾大臣一起為公子宋求情，可是在內心裡，他卻希望鄭靈公與公子宋的矛盾會因此而激化，因為歸生掌管著朝政，可是鄭靈公又不願放手，他有心把鄭靈公廢掉，立鄭靈公的弟弟公子元虧為國君。然而歸生有此心沒此膽，現在機會終於來了，他期望能借公子宋的手掐住鄭靈公的脖子，自己再從中煽風點火，讓他們積怨日深。

歸生對公子宋說：「國君現在對你冒犯君威一事憤憤不平，要你等著瞧呢，我真是替你著急！」

公子宋本來就很不高興，聽了歸生的話後就更是生氣：「這個昏君，自己先失禮，故意羞辱我，現在還想處罰我，天下哪有這種道理？」

歸生說：「畢竟人家是國君啊，胳膊扭不過大腿，你還是認了吧！明天一早給國君賠個不是吧！」

第二天早朝的時候，歸生就拉公子宋去上朝。可公子宋人雖是來了，嘴卻不願張開，他還在賭氣，認為自己沒有錯，當然也不用賠什麼禮。

歸生非常狡猾，他跪下來代表公子宋向鄭靈公賠禮：「公子宋特地來向主公賠禮道歉，請主公原諒他吧！」他還向鄭靈公努努嘴，要鄭靈公說幾句安慰的話。鄭靈公看到公子宋一點認錯的意思都沒有，而且還由別人代為賠禮，這算什麼呢？他氣呼呼地說道：「他這是害怕得罪我嗎？明明是我得罪了他嘛！」說完，就罷朝而去。

公子宋現在才感到事態極為嚴重，就對歸生說：「主公一定恨透我了，非殺我不可！」當他想到歸生平時和公子元虧非常接近，而且也對鄭靈公極為不滿時，就對歸生說道：「與其等著讓他殺掉我，那還不如我們先下手把他給殺了！」

歸生一直在等這句話，可是他又不想把自個兒給捲進去。他的如意算盤就是慫恿公子宋動手殺鄭靈公，自己可以不承擔任何責任，甚至還可以坐享其成。但要他一起謀殺國君，他卻不敢承擔這個罪名，就說：「這件事可萬萬做不得啊！」

公子宋這時也有些機警了，他見歸生不願和自己一起幹，知道不能操之過急，就說：「我只是說著玩玩的，哪裡敢呢？你可千萬別當真。」

歸生聽到他這樣一說，覺得自己這一番努力全都白費了，臉上露出懊喪和焦急的神色，這一切被公子宋看在眼裡。

公子宋心裡想：「好個歸生啊，好人你做了，罪名我來擔，天下哪有這麼好的事？要死就一塊死，要活也一塊活，我一定要把你拖下水！」於是，公子宋就在外面放出風聲，說歸生跟公子元虧是如何如何地好，他們又是如何如何地對鄭靈公不滿。

歸生聽到這個消息後，非常害怕，就悄悄跑來對公子宋說：「你小子還要不要我活命？」

公子宋回答說：「既然你不願幫我，那麼我就得死，我既然要死，幹嘛不讓你跟我一塊死呢？」

歸生覺得確實不能再回避這個問題了，於是他倆就一塊商量怎樣除掉鄭靈公，讓公子元虧即位。

　　後來，公子宋終於把鄭靈公殺了，可是公子元虧卻死活不肯即位，他說：「公子堅有德有行，年齡也比我大，他更合適一些，我堅決不要這個君位！」

　　歸生和公子宋就只好把公子堅立為國君，這就是鄭襄公。因為是內亂，他們很害怕遭到晉國干涉，所以就趕快派遣使者去晉國說情，向晉國送禮，而晉國不了解鄭國到底發生什麼事，同時也為了限制楚國勢力的發展，就同意與鄭國結盟。

　　楚莊王探知鄭國的內情後，認為晉國包庇亂臣賊子，犯下了滔天大罪，所以準備出兵攻鄭，想引出晉國與之決戰，而鄭國害怕楚國，又只好轉向楚國。

　　鄭國因一句玩笑話居然引出一場大內亂，多麼可悲啊！

夏姬亂陳

　　就在楚國聯合已歸附的鄭、陳兩國準備攻晉的時候，陳國卻發生了內亂。

　　鄭靈公曾經把自己的一個妹妹嫁給陳國的大夫夏御叔，被人叫做夏姬。夏御叔很早就去世了，夏姬帶著兒子夏徵舒一直住在株林。幸好夏大夫有兩個非常要好的朋友，一個叫孔寧，一個叫儀行父，他們經常照顧這對母子。

　　可是時間一長，孔寧就和夏姬勾搭上了，再後來，儀行父也跟夏姬有了來往。甚至連陳國國君因為見夏姬長得實在太美，也參與進來。

　　陳國有些正直的大臣，看不慣這些行為，其中有一個叫泄治的大夫就去見陳靈公，而孔寧和儀行父一見他就躲藏起來。

泄治對陳靈公說：「無論是君還是臣，都有自己的行為準則，而且男女有別，你們做下這麼荒唐的事，不但不知廉恥，還覺得相當光榮，這樣下去，您怎麼能夠治理國家呢？希望主公能夠從此改過自新。」

泄治一走，孔寧和儀行父就鑽出來，對陳靈公說：「今後，您可不能再到株林去了。」

可是陳靈公還是捨不得夏姬，就說：「你們去不去呢？」

這兩個厚顏無恥的人說：「我們又不是國君，哪有那麼多規矩套住我們，自然是要去的。」

陳靈公想想，咬了咬牙說：「我寧願不要泄治，也要到株林去。」在他的指使下，泄治被孔寧和儀行父偷偷殺掉了。泄治死掉之後，他們三人又無所顧忌地去株林尋歡作樂。

此時，夏姬的兒子夏徵舒已經十八歲，練就了一身好武藝。本來陳靈公就嫌他礙手礙腳，為了討好夏姬，就讓他繼承父親的職位，封他做大夫，離開株林這個地方，去外邊做事。

有一天，陳靈公與孔、儀二人去夏姬那裡遊玩，還在那兒住了下來。夏徵舒以感恩為名，特地回家設宴款待三人。夏姬因為兒子在座，不敢作陪。酒酣耳熱之際，君臣三人胡言亂語，手舞足蹈地在那兒互相嘲諷。夏徵舒因為討厭他們，就退到屏風後聽他們究竟要說些什麼，哪知他們竟在胡說自己的出身，只聽孔寧笑道：「徵舒目光炯炯，極像主公。不過主公和儀大夫年紀太小，生不出他來。他的爹太多了，是個雜種。他父親到底是誰，恐怕連夏夫人自己也記不起來了。」夏徵舒不聽則已，一聽則羞憤之心勃然而生。他暗中把夏姬鎖在屋裡，

然後吩咐將士圍住夏府，自己帶領家丁殺了出來。

　　那三人一見不好，連忙從後門逃命，孔、儀二人見陳侯向東走，知道夏徵舒一定會追趕，就直接向西逃去，這才得以逃脫。陳侯朝馬廄飛奔而去，夏徵舒從後面趕來，大聲叫道：「無道昏君哪裡走？」說著朝陳侯背心射了一箭，陳侯就被射死。

　　那時候，雖然許多國家都發生過大臣殺死國君的事情，但是不管國君有多壞，人們都認為殺死國君是件大逆不道的事情，因此夏徵舒也用了一個老辦法，謊稱陳靈公「酒後突發奇疾歸天」。隨後，他帶兵入朝，和其他大臣一起擁立太子午成為國君，這就是陳成公。為了國家的穩定，夏徵舒帶陳成公來到晉國尋求支援，晉國馬上答應讓陳成公留在晉國，由夏徵舒回國安定全國局勢。

　　且說孔、儀二人逃到楚國，他們隱瞞自己的淫亂之事，卻把夏徵舒謀害國君一事添油加醋地告訴楚莊王。楚莊王正想拉攏陳國一起對付晉國，哪知道現在陳國正向晉國一邊倒，當然很不高興，這下正好可以用幫陳國平定內亂為名攻打陳國。

　　周定王九年，楚軍剛開到陳國，陳國大臣就開城投降。夏徵舒所率軍民力量弱小，只得退守株林。很快，夏氏母子雙雙被俘，沒過多久，夏徵舒就被楚國殺了。

　　夏姬因為天生貌美，連楚莊王也動了心，把她帶回宮中占為己有。大夫屈巫也看中了她，就極力勸說楚莊王不要落下一個貪色的壞名聲，楚莊王只得把她賞給大將襄志做妻子。後來，襄志在晉楚之戰中戰死沙場，屈巫終於找到機會把夏姬帶

出楚國，夏姬總算得以安定了。

陳國滅亡後，被楚國改為一個縣，許多屬國和大臣都向楚莊王道賀，唯有大夫申叔時不來湊這種熱鬧。楚莊王責怪申叔時：「我哪裡做錯了，你為什麼不來向我朝賀？」申叔時不慌不忙地對他說：「這段時間，我正在為一件案子窮琢磨，正想向大王您請示：有一個人牽著一頭牛，從別人的莊稼地裡走過去，那頭牛踩壞了別人的莊稼，於是那塊地的主人發火了，就把那頭牛給搶走。請問大王，這件案子該怎麼判？」

楚莊王說：「牛踩了人家莊稼自然不好，可為此把人家的牛搶走就更是不對……」他話沒說完就恍然大悟，原來申叔時是在借這個案子諷諫自己。

他馬上派陳國的大夫去晉國把陳成公接回來，讓陳國得以復國，還讓孔寧和儀行父好好地輔佐新君。

陳成公對楚莊王感激涕零，於是陳國又依附了楚國。這一次，別的國家都稱道楚國辦事公道。

陳國的內亂被楚莊王妥善地解決，不過倒是便宜了孔寧和儀行父兩人，也可憐夏徵舒為此枉送性命。陳國的老百姓都為此憤憤不平，就在一個月之後，孔寧在一條河裡落水而死，儀行父也在自己家裡被人砍掉了腦袋。

初立霸業

晉景公即位後不久，鄭國再次發生內亂。於是景公馬上拜荀林父為晉軍大將，先軫的兒子穀為副將，調集六百輛兵車，開往鄭國幫助平亂，還準備和楚國交鋒。

　　當晉軍到達黃河岸邊的時候，才知道鄭國已經歸附楚國，楚軍也已經從鄭國撤離了。荀林父並不想和楚軍交戰，就命令部隊撤回晉國。哪知道副將穀卻是個爭強好勝之人，他覺得既然出了兵，總不能空手而回，就私自帶著自己的人馬渡過黃河，一定要和楚軍戰上一回。隨後，趙同、趙括也帶著各自的人馬跟著穀渡過黃河追趕楚軍。因為他們都是晉國的忠臣之後，出身於將門世家，「初生牛犢不怕虎」，個個都膽子大著呢！

　　這些人的舉動讓中軍大將荀林父左右為難，如果進，並沒有相當的把握打敗楚軍；如果退，只有一部分兵馬過河必定吃虧，要是穀真的兵敗，損失部隊，讓晉國臉上不光彩，自己也是無法推卸責任的，所以他只好命令部隊開過去，準備見機行事。

　　楚軍見晉軍渡過黃河，還擺出一副決戰的架勢，就準備對他們先禮後兵。楚軍先派一個使臣和晉軍和談，如果雙方和談不成，再打仗也不遲。荀林父接見了楚國使臣，同意言和並撤走軍隊。

　　楚國使臣滿心歡喜地準備回到楚營複命，沒想到剛剛走出中軍帳就碰到穀，被穀劈頭蓋臉地罵了一頓。穀還揚言說一定要把楚軍殺個片甲不留。楚國使臣剛剛忍氣吞聲地走出營門，又碰上了趙同、趙括，他們也把使臣罵個狗血噴頭。楚國使者仍然不動聲色，這時又來了一個趙旃，他拔出寶劍，指著楚國使臣罵道：「回去告訴你們那個南蠻頭子，他早晚會死在我手上的！」

　　楚國使臣回去氣呼呼地向楚莊王彙報了情況。楚莊王認為這些將軍的話是不能算數的，還得聽聽晉軍主帥的意見。這時，晉軍主帥也派了大將魏綺去楚國軍營，這個魏綺跟縠等人是一路貨色，看他那樣子，不像去議和的，倒像是去示威的。在楚莊王還沒弄清晉軍主帥意思的時候，趙旃已經在外面叫陣了。對此情形，楚莊王再也無法忍耐，於是下達總進攻的命令。經過這麼多次的羞辱，楚軍士兵早就憋了一肚子氣，所以個個拼命奮戰，奮勇當先，像風暴一樣衝向晉軍的陣地。兩軍就在沁地（今河南省鄭縣東）大戰一場。

　　因為晉軍主帥荀林父剛剛派人去議和，因此還沒有做好防守的準備，在這種情況下，晉軍一下子就被勢不可擋的楚軍衝垮了。無奈之下，荀林父只好下令退兵，可是這樣更慘，兵敗如山倒，儘管晉軍溜得挺快，但還是死傷一半人馬。

　　那些晉國的將軍雖然口氣大，膽子也大，可是他們打仗的本領卻可憐得很，剛一上陣，縠就受傷，滿臉鮮血直淌。趙同、趙括則早就渡過黃河，溜到安全地帶，趙旃只好跳下兵車，混在士兵中逃命，到最後竟然丟盔棄甲，狼狽不已，幸好將軍逢伯的兵車經過那兒，他喊住兵車才免了一死，可惜逢伯的兩個兒子卻因為上不了兵車而丟掉性命。

　　荀林父帶領晉軍退到河邊，敗退的晉軍亂作一團，都你爭我搶地上船過河。然而人多船少，先上船的人不許後來的人上船，沒能上船的人就扒住船沿不放，造成很多船都翻覆，船也就更少了，黃河岸邊顯得更加擁擠。縠看見船沿上扒滿士兵，就下令砍掉他們的手指頭，於是扒船的士兵都落下水。趙旃也

效仿了這種作法。就這樣，一個個手指頭紛紛掉進河裡，落進黃河的士兵不計其數。晉國士兵的淚水、血水一起混入黃河之水，他們痛苦的哭聲、喊聲也蓋過黃河奔騰的水聲。這是晉國歷史上從未遭遇過的失敗，也是損失最為慘重的一次。

隨後，楚國大軍殺進沁城，將士們都紛紛建議楚莊王率軍乘勝追擊，可是楚莊王不同意，他說：「我們楚國自從城濮一戰之後，一直都抬不起頭來，弄得我們很沒有面子。現在我們把晉軍打得大敗，所有的屈辱都已經被洗得乾乾淨淨了。現在楚國沒有力量滅掉晉國，晉國也沒有力量滅掉楚國，兩國都還會存在下去，既然這樣，我們又為什麼要殺更多的人呢？」所以他沒有派兵再追擊晉軍，只是晉軍渡河秩序混亂，人人都想搶先渡過黃河，以致自我踐踏，傷亡無數，一直忙亂了一夜才渡過黃河。

這次戰爭是因為鄭國而起的，為了感謝楚王，鄭國國君鄭襄公親自帶著禮物到沁城來犒勞楚軍，沁城處處都是歡宴。在宴會上，楚國將軍潘党對楚莊王說：「我們把晉軍的屍骨堆起來，造成一座小山吧！將來這就是一座白骨山，可作為我們勝利的紀念，同時也可以宣揚楚國的武功。」

楚莊王馬上用手指蘸上酒在酒案上寫了一個「武」字，說：「你難道不認識這個『武』字嗎？它是由『止』和『戈』兩個字拼在一起組成的，『止戈』才是『武』，止息兵戈，停止戰亂才是真正的武功啊！真正的武功應具有七種德行：禁止強權、消除戰爭、保持強大、鞏固基業、安定百姓、團結人民，民富國強。現在晉楚兩國士兵剛剛打過仗，士兵們的屍骨

都還暴露在野外，被風吹日曬，人民的生活還未得到安寧，剛才所說的那七種德行我一樣都不具備，我拿什麼東西留給子孫後代呢？我沒有什麼武功可宣揚的。雖然我們已經打敗晉國，可是他們的將士只是為了執行命令才戰死疆場，他們又有什麼過失呢？我們還是先到黃河邊上祭祭河神，然後再回國吧！」

於是，楚莊王下令全體將士搜索晉軍的屍體，把他們全部掩埋了。這件事傳出去之後，人們都覺得楚莊王是一個心胸寬廣的人。

沁城一戰中，偏居南方一隅的楚國打敗中原霸主晉國，也奠定了自己的霸主地位。

華元劫子

沁城一戰，晉國吃了敗仗，總想尋機復仇。晉景公認為這件事是因發兵救鄭而起，可事後鄭國卻依附楚國，這令他異常不滿。兩年之後，晉景公親率大軍開往鄭國發泄自己的怨氣。楚莊王當然知道此番晉軍大舉進攻鄭國是針對楚國而來，他決定採取迂回戰術，並不直接攻打晉國，而是攻打與晉國結盟的宋國，這就是當時所謂的「間接交戰」。

西元前594年，楚莊王拜公子側為大將，申叔時為副將，親自率領大軍直逼宋國。楚軍很快就把宋國都城睢陽城圍個水泄不通，還在城外造了幾座跟睢陽城樓一樣高的樓車，準備從東西南北四個方向一齊攻打睢陽城。

當時主政的宋國國君是宋文公，他讓大將華元在城中固守，同時派人火速趕往晉國求救。晉景公得到這個消息，感到

非常為難，因為宋國一國的得失足以關係到整個中原的利益，這不能不讓他慎重對待。他想：要是去救，上次在沁城的慘敗就是教訓，這回能不能打過，並沒有完全的把握；若是不去救援，那晉國堂堂中原霸主的臉面又該往哪裡擱呢？最後，晉景公採取一個折衷的辦法，先派一名使者到宋國去，告訴他們晉軍馬上就來了，目的是要宋軍拼命抵抗，消耗一部分楚軍的實力，然後他才出兵跟楚國軍隊交戰，這樣一來就比較容易取勝。

可是誰也沒有想到，晉國派往宋國的使臣解陽居然在城外被楚軍抓住。楚莊王這樣精明的人馬上就猜出這是晉景公在採取坐山觀虎鬥的辦法，在他的盤問之下，解陽說出實話。楚莊王叫人押著他到睢陽城下向城裡人喊話，要他說「晉國人不會來救你們啦！」，以此讓宋國人因為絕望而放棄抵抗。解陽在楚兵的威逼之下只好答應照辦。

當宋國的軍民聽到有來自晉國的使臣在城外喊話的時候，都興奮地跑到城頭聽消息。這時，解陽站在樓車上不慌不忙地對他們喊道：「晉軍已經出發來解宋國的危難了，你們一定要堅持住，一定要守住這座城！」楚莊王聽後勃然大怒，沒等他說完就叫人把他從樓車上拖下來，本想馬上將他殺掉，可又一想，這個人倒是個不怕死的漢子，在楚兵的威逼之下面臨死亡都還要完成本國的使命，真是個不折不扣的忠臣，就把他放了。

宋國軍民聽了解陽的喊話後，守城的意志更堅定了。宋國雖然很小，但它也曾經稱霸一時，在諸侯中還是很有地位的，

而且宋國非常講究榮譽和禮節，當初宋襄公的「仁義之師」就是以地位和榮譽作為出發點。宋國曾經屢次受到楚國的欺辱，對楚國的「南蠻子」一直是又恨又怕，而現在這些「南蠻子」竟然打到宋國人眼皮子底下來了，是可忍，孰不可忍？儘管城裡儲藏的糧食已經告急，每天都有人餓死，守城的軍民仍然決定守住都城，等待晉國援軍的到來。

楚莊王原本認為，宋國不過是徒有虛名的「中原大國」，而且曾經多次被自己的國家打敗，再次打下它也不是什麼難事，誰知現在卻遭遇到如此頑強的抵抗。因為長途奔襲，軍中現有的糧食已不足以維持長期作戰的需要，如果再攻不下睢陽，楚軍就有被拖垮的可能。

楚宋雙方在睢陽城內外僵持九個月之久，形勢也變得比以前任何時候都要嚴峻得多。楚莊王豈肯就此罷休，他甚至叫楚軍在城外又修房子又種地，做出一副打持久戰的樣子，想給宋國軍民的心理上增加些壓力。

宋國人始終沒見晉國軍隊的到來，感覺快招架不住了。宋文公急忙和大將華元商量對策，華元說：「看來，我們只有冒一下險，我要親自去敵營一趟，向他們陳述利害，勸他們退兵。」

當天晚上，華元用繩子從城上垂下，偷偷進入楚國營帳。楚軍士兵還以為他是自己人，讓他一路毫無阻擋地來到中軍大帳。他向士兵問道：「將軍已經睡了嗎？」守衛的士兵告訴他：「公子側剛剛從大王那裡喝了酒回來，正在裡面睡覺，我們不好去打擾他。」華元趁機對衛兵說：「剛才喝酒的時候，

我在場作陪，大王當時有些醉了，不能自持，所以有重要事情要我前來面稟將軍，你要小心守著，千萬不要讓別人進來！」

中軍大帳設在一個高台上，華元走進帳房，見公子側正和衣躺在那裡。華元走過去悄悄把他推醒，公子側醒來之後大吃一驚，急忙問道：「是誰？」

華元說：「在下是宋國的將軍華元，我是特地來求和的，要是能和平解決這次事件，對大家都有好處；如果你不答應，那麼咱們倆就同歸於盡。」說著就拿匕首在公子側的面前晃來晃去。公子側畢竟不是等閒之輩，馬上拿出大將風度：「有話好商量，何必拿這種東西嚇人？」華元急忙收起刀子向他賠不是。

公子側問道：「現在城裡的情況怎麼樣了？」

華元老老實實地回答：「唉！已經到了白骨作柴火，蚊子咬骨頭的地步了！」

公子側又問道：「既然這麼淒慘，那為什麼不向我們投降呢？」

華元對他講述道：「我們睢陽全城的軍民都不願喪失自己的榮譽，都願意和宋國的都城共存亡，又怎麼肯向你們投降呢？所以我前來求和，避免我們兩敗俱傷。」

公子側也如實地向華元說道：「我們修房子種地其實也是假的，現在軍中剩下的糧食也吃不了幾天了。」

兩位將軍同意議和，並向天許下誓言，彼此不能欺騙，不失信義。公子側還給了華元一支令箭，讓他能夠安全地返回都城。

等到第二天天亮，公子側就把這件事告訴楚莊王，楚莊王知道後很不高興，責怪公子側不應該把假修房、假種地這個祕密泄露出去。

公子側說：「就連小小的宋國都有敢說真話的臣子，我作為堂堂楚國的大將豈能說假話呢？」

楚莊王說：「你說了就說了，不過宋國眼看就要攻下來，我們可不能因此功虧一簣啊！」

公子側因為早已跟華元定下誓約，就說：「要攻睢陽你去攻就是，反正我不願失信於人。」楚莊王見他這樣堅定，也拿他沒有辦法。就這樣，楚國終於撤回了軍隊。

楚軍剛剛退回楚國，晉景公馬上就出兵援助宋國，滅掉潞國，擊退秦國，中原霸主的地位總算保持住了。

第四章
弒君奪權的梟雄：闔閭

　　吳王闔閭是春秋時吳國第二十四任君主，姓姬，名光，號闔閭（或作闔廬）。他於前514年至前496年在位。闔閭本非王位繼承人，但在伍子胥的謀劃下，令死士專諸刺死吳王僚而登上寶座。他重用孫武、伍子胥等賢臣，使吳國實力大增，迅速崛起，數次擊敗楚國，甚至攻占楚國都郢，威震一時，成就了吳國的霸業。

殺君奪位，練兵強國

　　春秋之時，封國林立。一些士人往往因失意或遇禍，便出走到他國求官謀生。吳王僚在位時，孫武和伍子胥就因避禍而來到吳國。孫武原是齊國人，當時的齊國危機四伏，田、鮑、欒、高四大家族的鬥爭越演越烈，孫武擔心自己所屬的田氏宗族一旦失勢，會波及到他，便先一步投奔了吳國。伍子胥則是楚國人，全家都被楚平王殺害，逃到吳國謀劃復仇。

　　公子光是吳王僚的侄兒，對王位虎視眈眈，暗中招兵買馬、廣納賢士，伍子胥便投到他門下，幫助他四處招攬人才、策劃奪權。

　　公元前516年，楚平王去世，年幼的楚昭王繼位，吳王僚乘機派胞弟公子蓋餘、公子燭庸為將，興兵伐楚。兩位公子求勝心切，領兵貿然深入，楚軍卻早有準備，吳軍陷入埋伏，進退

不得。

伍子胥見大軍被困，國內兵力空虛，便讓公子光把握良機宴請吳王僚，並命勇士專諸在席間刺殺吳王僚。吳王僚被殺後，公子光登上王位，為闔閭。

闔閭即位之初，便十分重用伍子胥，經常和他商議軍國大事。有一次，闔閭問道：「我國位置偏遠、地勢低濕，江海為害；國無城防，民無衣食。這種狀況要怎麼改變呢？」伍子胥回答：「必須修城郭、設守備、練士卒、廣積蓄。」闔閭就委託他逐項施行。

吳、楚勢不兩立，是世代的仇敵。在國都在姑蘇建成以後，闔閭特意把西向的「閶門」稱為「破楚門」，以示自己伐楚的決心。當時，吳國的國力遠遜於楚國，伍子胥便向闔閭推薦孫武當大將，讓他幫助吳國增強軍事實力。但自從孫武來到吳國後，便一直隱居著書，闔閭認為他不會有多大的本事，所以就算伍子胥費盡脣舌，闔閭仍然無動於衷。

伍子胥只得將孫武寫的兵法呈給闔閭。闔閭看後不禁拍手叫好，於是便派人把孫武請來，見面後，闔閭讚賞地說：「先生的兵法，寡人已經逐篇拜讀，實在是耳目一新，受益不淺。」孫武謙謝說：「村野之人，才疏學淺。承您謬獎，實不敢當。」闔閭說：「先生不必過謙，你的兵法確是前所未見的，但不知實行成效如何，可否小規模演練一下，讓他們見識見識？」孫武回答說：「可以。」闔閭又問道：「先生打算用什麼樣的人演練？」孫武回答說：「用什麼樣的人都可以。」闔閭想給孫武出難題，便問：「用宮女可以嗎？」孫武答道：

「可以。」接著又補充說：「練兵是一件苦差事，用宮女操練，如果出了什麼差錯，還請您不要見怪。」闔閭點頭同意，下令挑選宮女，並和孫武約好練兵的時間。

中午的時候，孫武來到宮後的練兵場，把挑選出來的一百八十名宮女分為左右兩隊，指定闔閭最為寵愛的兩位美姬為左右隊長，讓她們帶領宮女們進行操練。同時指派自己的車夫和陪乘擔任軍吏，負責執行軍法。

孫武站在指揮台上宣講操練要領，他問：「你們都知道自己的前心、後背和左右手吧？」宮女們心不在焉地回答：「知道。」孫武接著說：「向前，目視前方；向左，視左手；向右，視右手；向後，視後背。一切行動均以鼓聲為準。」宣講完畢，孫武就命軍吏扛來執法的大斧，豎立在練兵場的一側，並扶著大斧，反覆申明軍法。準備妥當以後，孫武才派人去報告闔閭。

闔閭來到看台上，見宮女們一個個頭戴兜鍪，身披鎧甲，手持劍盾，站在練兵場上，不禁莞爾，正漫不經心地和大臣們交談時，耳邊忽然響起一陣鼓聲，原來是在命令士卒向右方前進。那些宮女聽到鼓聲只覺得有趣，一個個掩口而笑，並沒有照著動作。孫武見了，便自責：「是我規定得不明確，以致你們對號令不熟悉。」

於是又把軍令和操練的要領仔細交代了一次，然後特意訓示兩位隊長，要她們聽從號令，帶好隊伍。而後，孫武親自操槌擊鼓，命令士卒向左前進。宮女們你推我擠，笑得前仰後合，有的丟了劍盾，有的撞歪了兜鍪，隊形大亂。孫武見了，

厲聲說道：「我已經宣講明白，你們還明知故犯！」說罷，就要依軍法處死兩位隊長。

闔閭見孫武要殺掉自己的愛姬，趕緊派人傳令：「寡人已經知道將軍有用兵的本領。這兩個是我最愛的美人，請將軍赦免她們。」孫武卻說：「臣既然受命為將，將在軍，君命有所不受。」還是將兩位隊長斬首示眾。

孫武又命令兩隊的排頭充當隊長，繼續練兵。這時，宮女們個個如同換了個人似的，鼓聲令左，就一齊向左；鼓聲令右，便一齊向右；不管鼓聲如何指令，眾宮女前後左右，進退迴旋，跪爬滾起，皆合乎規矩。大家全神貫注，緊張嚴肅；個個目不斜視。整個練兵場上，只聽到整齊的腳步聲和兵器撞擊聲。

孫武見狀，便派人報告闔閭：「隊伍已經訓練好了，現在就算讓她們去赴湯蹈火，也不成問題。」闔閭雖惱孫武殺了兩位愛姬，卻也知孫武的確很有才能，便任命他為上將軍。在孫武的嚴格的教導下，吳軍很快便成為一支紀律嚴明、訓練有素的部隊。

疲楚誤楚，爭霸東南

闔閭在伍子胥和孫武的輔佐下，不到幾年便將吳國由一個貧弱的小邦，改造成府庫充實、兵馬強壯的國家。於是，闔閭便開始向強大的楚國挑戰。

闔閭即位後，領兵在外的公子蓋餘和公子燭庸，分別逃到徐國和鍾吾國。公元前512年，吳國派出使臣要徐國和鍾吾國交

出兩位公子。兩國仗著有楚國撐腰，不但拒絕了吳國，還放走兩位公子，讓他們投奔楚國。楚昭王十分得意，把養城東北邊的城父、東南邊的胡田兩塊地方封給兩位公子。

這年冬天，闔閭派孫武、伍子胥興師伐罪。鍾吾國小民貧，不堪一擊，很快便被擊潰；而徐國君臣一面固守城池，一面派人向楚國求救。孫武見強攻一時難以取勝，便下令士卒日夜趕修堤防，堵截山水，灌淹徐國。楚國救兵還未趕到，徐國就已被攻破，向吳軍投降。

闔閭志得意滿，想乘勢伐楚。孫武進諫：「我軍已連滅兩國，人馬疲勞，軍資消耗，不如暫且收兵，再等良機。」闔閭聽從孫武的勸告，下令班師回國。

大軍回國後，闔閭向伍子胥徵求伐楚的良策，伍子胥說：「楚國政出多門，意見分歧，誰也不願承擔責任。假如把我軍分成三支，輪番去騷擾，彼出我歸，彼歸我出，待楚軍疲憊之後，我們透過外交、間諜等途徑影響他們的決策，造成他們的失誤，然後再大舉伐楚，一定會取勝。」闔閭採納了伍子胥「疲楚誤楚」的計謀，並派伍子胥、孫武去實行。

闔閭即位的第四年，吳軍以一支人馬圍攻楚國六、潛二城。楚國聞訊，馬上派沈尹戌率大軍救潛。伍子胥、孫武估計楚國救兵快到了，便主動撤兵。楚軍白跑一趟，將潛城人遷到南岡以後只好回軍。

楚軍人未解甲，馬未下轅，吳軍的第二支人馬又包圍了弦城。楚昭王大怒，命令左司馬戌、右司馬稽兩員大將領兵出征。楚軍晝夜兼程奔赴前線，才趕到豫章地區，離弦城還有一

段路程，吳軍又已撤離。

　　吳軍兩次襲楚，都曾請求越國助戰。越國一向與楚國交好，斷然拒絕。闔閭打算討伐越國，又擔心一支人馬兵力單薄難以取勝。正在闔閭猶豫不決之時，孫武對闔閭說：「兵在精而不在多。越軍雖多，但我們可用計使之分散，即使他們兵力再多也無濟於事。」在孫武的策畫下，吳國果然大敗越國。

　　公元前508年夏，桐國背叛了楚國。桐國的北面，原來有個小國叫舒鳩，很早以前就被楚國併吞，舒鳩人十分痛恨楚國。於是，吳國派出間諜，唆使舒鳩人：「如果你們想辦法騙楚軍來攻打我國，我軍佯裝懼怕楚軍，假意代楚伐桐，使楚國對我國沒有戒心，便可乘機消滅楚國。」

　　舒鳩人為報復楚國，便編造一套假情報欺騙楚國。楚王上當了，便派令尹子常率軍伐吳。子常得報吳軍戰船布滿於桐國以南的江面，誤以為吳軍膽虛，想伐桐來討好楚國，便把大軍駐紮在豫章地區，靜觀其變；吳軍卻在巢城附近暗中集結。楚軍從秋天一直駐紮到冬天，時間一長，不但士氣低落，防備也鬆懈下來。孫武見時機成熟，便發起突襲，大敗楚軍。

　　吳國疲楚誤楚的計謀非常有效。不過短短六年，楚國就勞師喪財、丟城失地，國力損耗甚鉅。

攻陷楚都，顯名諸侯

　　公元前506年，晉國支持蔡國滅掉楚的附庸沈國。楚國發兵圍攻蔡國，欲為沈國報仇。蔡國和吳國關係甚好，闔閭想藉此大舉伐楚，便問伍子胥和孫武：「寡人當年想發兵進攻楚國，

你們認為時機還沒成熟；那麼現在是時候了嗎？」伍子胥、孫武回答：「唐、蔡兩國國君都十分痛恨楚將子常，我們如果想討伐楚國，可以尋求他們的幫助。」

原來，唐、蔡都是楚的屬國，歲歲朝貢，按時覲見。有一年，蔡昭侯帶著一雙玉佩和兩件華貴的皮襖去朝楚。將其中一件皮襖和一塊玉佩獻給楚昭王，令尹子常向蔡昭侯索討剩下的玉佩和皮襖。蔡昭侯不肯答應，結果被子常軟禁起來。不久，唐成公騎了兩匹名貴的寶馬，也去朝楚。子常又向唐成公索討名馬，唐成公硬是不給，結果也被囚禁起來。被關了三年，蔡昭侯和唐成公終於屈服，交出名馬和寶物才被釋放。歸國途中，蔡昭侯指著淮河發誓：「不報此仇，誓不為人！」

於是，闔閭派伍子胥去聯合唐、蔡兩國。唐成公、蔡昭侯爽快答應了，表示一定會傾力相助。這年冬天，闔閭親自領兵，並拜孫武為將軍，伍子胥、伯嚭為副將，胞弟夫概為先鋒，聯合唐、蔡二國，總計數百輛戰車，三萬多士兵，浩浩蕩蕩出師伐楚。

楚國得知吳國大軍來犯，馬上召開軍事會議。有的主張任命公子結為將，有的認為令尹子常合適。吳國間諜知道了，回報到國內，伍子胥派人放出風聲：「我們不怕公子結，只怕令尹子常。」楚國得知後，便拜無能的令尹子常為將，而不用有勇有謀的公子結。

子常統轄二十萬大軍，日夜趕赴前線。楚軍才剛剛在漢水南岸立穩陣腳，哨探便報告吳軍已在漢水以北出現。孫武見楚軍已作好部署，不敢貿然渡水強攻，便下令全軍安營紮寨，休

整待命。楚將子常原本斷定吳軍千里遠征，必然急於求戰，沒想到卻按兵不動，一時摸不清吳軍的意圖，只能嚴加戒備。

正在子常狐疑之際，左司馬戌獻策：「將軍在此拖住吳軍，使他們不敢冒險渡河。末將率領本部兵馬，繞道吳軍後方，徵調方城以外百姓，焚毀他們的戰船，然後我扼守大隧、直轅、冥三關。等吳軍師老兵疲，將軍再迎頭攻擊，末將則從後掩襲，使其首尾不能相顧。這樣一來，吳軍進退無路，插翅難飛，我軍必獲全勝。」二人計議妥當，左司馬戌立刻分兵行動。孫武暴露自己的「失誤」，本來就是為了引誘楚軍中計，促使楚軍分散兵力，造成軍力對比上有利於己的變化，然後再伺機發起進攻。

左司馬戌領兵離去後，武城大夫黑覲見子常說：「吳軍戰車純用木料做成，極耐風雨。我軍戰車外包皮革，用膠筋固定，遇到陰雨天氣，膠化筋脫，容易損壞。長久相持，對我軍不利，不如速戰。」

武城大夫黑前腳剛走，部將史皇後腳便悄悄來到帳中，私下對子常獻計：「國人憎惡將軍，愛戴左司馬。假如左司馬此去毀舟成功，那就等於是他獨自戰勝吳軍。將軍定要趕在左司馬行動之前發起進攻，否則，難免出師無功。」令尹子常依仗自己兵多勢眾，於是不顧與左司馬的約定，下令立即強渡漢水，在大小別山一帶，連營數十里，擺出一副大戰的架式，哪知吳軍早就秣馬厲兵，準備廝殺。孫武乘楚軍立足未穩，擊鼓進兵，楚軍雖眾，終因指揮無方而敗北。

楚軍且戰且走，向西南退到柏舉。子常在柏舉重新集結

兵力，想和吳軍決一死戰。先鋒夫概向闔閭請戰：「楚將子常不得人心，他的部下豪無鬥志。如果我軍發起進攻，楚軍必亂。」然而，闔閭認為楚軍雖敗，實力尚存，因此並未應允。

夫概回到自己的營帳，對部下說：「軍事以利為上，何待君命！」於是，夫概擅自率領自己的五千軍士發起突襲。楚軍一時措手不及，被殺得暈頭轉向。孫武見夫概突擊得手，當即指揮大軍殺去。吳軍攻勢凶猛，楚軍抵擋不住，紛紛奔逃。

子常見敗局已定，也乘亂逃命。楚軍失去主帥，軍心大亂，一敗塗地。吳軍乘勝追擊，潰敗的楚軍搶舟奪船，爭相渡河逃命。闔閭正要下令發起攻擊，夫概卻說：「困獸猶鬥，何況是人。楚軍見我急攻，知道難逃一死，必然與我拚死一戰，我軍必敗。如果給那些先渡河的楚軍留一條生路，沒有渡河的楚軍便喪失鬥志，只顧逃命，我軍再發起攻擊，肯定大勝。」闔閭聽從了夫概的建議，果然又大敗楚軍。

吳軍繼續追殺，楚軍因軍心渙散，人馬疲勞，又被打敗。戰敗的左司馬戌自殺身亡。至此，楚軍全線徹底崩潰。孫武不給楚軍一點喘息機會，直搗郢都。留守的楚軍聞風而逃，吳軍長驅直進，郢都陷落，楚昭王帶著妹妹倉皇出逃。

經此一戰，吳國聲威大震，楚國則受到了立國以來最沉重的打擊。之後，吳國又想討伐齊國，齊王得知後，趕緊把自己的女兒嫁到吳國。隨後，闔閭攻打越國，不料這場戰爭，卻使闔閭命喪黃泉。

第五章
臥薪嘗膽報國仇：越王句踐

在離東海岸不遠的地方，有一座不高卻很有名氣的小山——會稽山。據說，備受人們崇敬的治水英雄大禹死後便葬在這裡。一千七百年後，就在大禹長眠的山上，出現了一位臥薪嘗膽、矢志不渝的人，他就是春秋時期的最後一位霸主——越王句踐。

求和緩兵，石室為囚

越王允常在位時，因為不肯幫闔閭攻打楚國，反而派兵支援夫差的兒子夫概造反，闔閭因此和允常結怨。公元前496年，允常死，句踐繼位為越王。闔閭聽說允常已死，乘越國辦喪事之際，興兵伐越。

吳越兩軍對陣。闔閭仗著兵力優勢，不把剛即位的句踐放在眼裡，因而大意輕敵，反被勇猛的越軍殺得潰不成軍，闔閭也中箭而亡。闔閭死後，其子夫差繼位，發誓要報仇。他讓一個臣子站在宮門，每日清晨便喊：「夫差，你忘記殺父之仇了嗎？」夫差含淚回答：「夫差不敢忘！」他日夜操練軍士，等待伐越時機。

公元前498年，夫差傾全國之力進攻越國，打得越國一敗塗地，報了殺父之仇。句踐連夜派文種向夫差求和。文種到了吳營，磕頭哀求：「亡國之君句踐願為大王之臣，他的妻子願

為大王的妾奴。」夫差正欲應允，伍子胥忙說：「千萬不要答應。」夫差思慮再三，沒有答應文種的哭求。

獲知消息的句踐十分絕望，這時文種進言：「只要大王立志報仇，什麼委屈都肯忍受，事情就還有轉機。」夫差是個優柔寡斷、感情用事的君王，而太宰伯嚭貪財好色，忌賢妒能，與伍子胥甚為不合。比起伍子胥，夫差更寵信會討好他的伯嚭。於是句踐選出宮中八名美女，盛妝打扮，並送上白璧二十對、黃金千兩，讓文種去賄絡伯嚭。伯嚭收了禮物大喜，表示會請夫差接受越國求合。

次日，伯嚭參見夫差時說：「赦免越國的罪過可以顯示大王的仁德。如果一定要滅掉越國，那句踐定會與我國死戰。即使我們勝了，也會有損失。還不如接受求和。」夫差覺得有理，打算同意越國求和。伍子胥忙道：「現在不滅越國，日後必定會成為吳國心腹之患。」心意已決的夫差卻不聽勸告。

句踐進到吳都，覲見夫差時，肉袒負荊伏於階下，懇求夫差饒他一命，並把寶物和美女都呈獻給夫差。夫差接受越國貢獻的財物，派王孫雄在夫差墓旁修築一間石室，將句踐夫婦貶入其中，讓他們養馬。

句踐忍飢挨凍，與馬為伴，小心翼翼伺候夫差，對他百依百順，用行動讓夫差相信他臣服的誠意。這期間，文種也不斷派人送禮給伯嚭，伯嚭常在夫差面前說情，私底下也常接濟句踐。三年後，夫差覺得句踐是真心歸順了，便放他回國。

臥薪嘗膽，滅吳稱霸

　　句踐回到越國，出不敢奢，入不敢侈，日夜為國事操勞，一心致力報仇。為了牢記亡國之辱，不讓舒適的生活消磨自己的意志，他撤下了錦繡被，鋪上柴草褥，且吃飯前都要先嘗一口苦膽。

　　此外，句踐命人趕織黃絲細布獻給夫差。葛布是夫差最愛穿的布。還沒等布獻去，受句踐忠誠感動的夫差便將八百里的土地賜給越國。句踐連忙再送去謝恩之禮，夫差因而又增加了句踐的封地。

　　經過七年，越國國力大增，句踐想一雪前恥。范蠡卻冷靜地分析：「現在吳國逞諸侯之威，號令天下，德薄怨廣。如果大王按師整兵，待其敗壞再乘機進襲，到時，越國必能兵不血刃。臣請大王靜觀其變。」

　　一年後，句踐等得不耐煩了，又召集群臣提起伐吳之事。又是范蠡進言：「如今夫差沉湎聲色，寵信奸佞，忠臣良終將離他而去，但時機還未到，大王還是再等等吧！」

　　句踐君臣齊心協力，發憤圖強，越國國勢蒸蒸日上，吳國卻越漸衰敗。尤其自從越國獻上的美女西施後，夫差就時常與她出遊，只有太宰伯嚭、王孫雄常侍左右，大臣們有時好幾天都無法見到夫差一面。此時，文種又獻上毒計，以越國天災的名義，向夫差借糧，次年卻將蒸熟的粟種還給吳國，使吳國無法收成。同時，越國軍隊的操練也在緊鑼密鼓地進行著。

　　夫差繼位後的五年，齊景公死，齊國大亂，夫差想興兵伐齊，伍子胥進諫：「句踐表面看來對大王恭順無比，實際上則

心懷不軌，大王當務之急應該是攻打越國，而不是齊國。」夫差不聽，執意攻打齊國，兩軍交戰於艾陵，吳軍大勝。

　　夫差打了勝仗回國，得意揚揚，質問伍子胥：「你當初說不應該伐齊，今天得勝而歸，你卻沒有功勞，難道羞愧嗎？」伍子胥冷冷說道：「上蒼要滅亡一個國家，總是先援之小喜，而後降以大憂。勝齊不過小喜，臣恐怕大憂將至了。」

　　當眾臣都在為夫差歌功頌德的時候，只有伍子胥哭喪著臉說：「如今小人當道，忠良之士都不說話了，您若再不即時悔悟，吳國怕是很快就要滅亡。」被潑冷水的夫差聞言大怒，當下將伍子胥永遠逐出朝廷。

　　伯嚭這時火上加油，說：「伍子胥看起來忠心耿耿，私底下卻另有所謀。大王之前準備伐齊，他反對；這次大王得勝回朝，他又嫉妒。而且，臣聽說伍子胥出使齊國時，將兒子託付給齊臣鮑氏，這叛吳之心不是昭然若揭嗎？」夫差對伍子胥本就積怨已深，如今聽到這話，氣極之下便遣人給伍子胥送去「屬鏤」劍，命他自盡。伍子胥為吳國奔走操勞半生，功勳卓越，到老時竟被夫差賜死，百姓聽說後，都為他憤憤不平。

　　從此，夫差更加驕傲自大，不僅徵發數萬民夫築邗城，還打算傾國而出北上爭霸，弄得吳國民不聊生，國勢日衰。

　　終於，在句踐即位的的十五年，越國在夫差發兵北征齊國時，親率五萬大軍伐吳，越國大獲全勝，但考慮吳國實力猶存，便答應伯嚭的求和之情。

　　四年後，句踐十九年，吳國又遇上大荒年，以致市面上無米可賣，國庫幾無存糧。句踐又乘機大舉進攻吳國。三年後，

越軍再度發兵，圍攻姑蘇兩年，終於攻破吳都。

夫差逃至姑蘇山上，無路可逃，便對左右的人說道：「我沒有臉見伍子胥，我死以後，把我的臉用布遮起來吧！」言畢，就拔劍自刎。吳國至此滅亡。句踐念在夫差當年的不殺之恩，將他埋在太湖岸邊，令越軍士卒每人捧一把土為他堆墳。

吞併吳國之後，越國勢力大盛，句踐成為春秋末年政壇上顯赫一時的風雲人物。滅吳之後，他便率得勝之師，北渡淮河，在徐州大會齊、晉等諸侯，派人向周天子送去貢禮。周元王也派使臣為句踐送來祭肉。

句踐在位三十二年，於公元前456年去世。這時，距三家分晉、戰國時期的開始僅有十餘年時間。

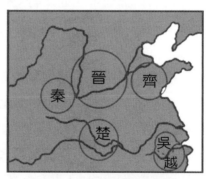

圖1　春秋五霸分布圖

第三部 戰國無雙

第一章
聲高震主的四公子

　　戰國時期，出現了被稱為「戰國四公子」的人物，分別是楚國的春申君、齊國的孟嘗君、魏國的信陵君和趙國的平原君。他們身分尊貴，擁有龐大的財產，聲勢與名望甚至超越國君，門下還養了數以千計，願意為其效忠的門客。

　　四公子不僅在國內有舉足輕重的地位，在國際政局上也非常活躍。他們與底下門客的精采故事，令戰國時期增添了絢麗的色彩。

一念之差淪亡魂：春申君

　　春申君是楚國人，姓黃名歇。他曾四處遊學，見聞廣博，服事楚頃襄王。頃襄王因為黃歇能說會道，便派他出使秦國。

　　當時秦昭王正命令白起與韓、魏兩國一起攻打楚國，軍隊尚未出發，黃歇恰好到達秦國，設法上書勸說秦昭王。昭王被黃歇的奏摺打動，制止白起、韓國和魏國出兵，還派遣使臣與楚國約為盟國。

　　黃歇接受條約後回到楚國，楚國派遣黃歇和太子完到秦國做人質。幾年後，楚頃襄王病了，太子完卻不能回國探視。楚國太子完與秦國宰相應侯關係不錯，於是黃歇就對應侯說：「如今楚王恐怕是一病不起了，秦國不如讓楚太子回國。太子繼承王位，他一定對秦國和相國心存感激，這樣既親善盟國又

輔佐了萬乘之主。如果不讓太子回國，那麼他不過只是咸陽一個平民罷了；楚國另立太子，一定不會服事秦國。失去盟國，又斷絕了萬乘之主的友誼，這不是良策。希望相國好好考慮這件事。」

應侯把這些話轉告秦王，秦王說：「派楚太子的師傅先去探望楚王的病情，等他回來之後再考慮這件事。」黃歇替楚太子謀劃：「秦國扣留太子，是想求得好處。如今太子暫時還不能夠使秦國得到好處，我對此十分憂慮。而陽文君有兩個兒子在國內，大王如果駕崩，太子不在身邊，陽文君的兒子一定會被立為繼承人。不如設法悄悄逃離秦國，我留下來，以死向秦王擔保。」

楚太子覺得黃歇說得有理，便迅速換了衣服，扮作楚國使者的車夫，混出了關口。黃歇留守在館舍，起初常常替太子託言生病。估計太子已經走遠，秦國追不上了，黃歇才親自前往，對秦昭王說：「楚太子已經回國有一段時日了。我該死，希望賜我一死。」昭王非常憤怒，想讓他自殺。應侯勸昭王說：「黃歇作為人臣，獻身效忠主子，十分忠誠。如果太子繼位，一定會任用黃歇，所以不如宣他無罪並讓其回國，藉以表示親善楚國，這對秦楚的關係絕對有益無害。」因此，秦王才答應送黃歇回國。

黃歇很快便回到楚國，三個月後，楚頃襄王去世，太子完繼位，這就是考烈王。考烈王元年，任用黃歇做宰相，封為春申君，賜給他淮北十二縣的土地。

十五年後，黃歇對楚王說：「淮北地區鄰近齊國，地理位

置十分重要，把它設為郡更為合適。」同時一併獻出淮北地區十二個縣，請求在江東封地。考烈王答應了他的請求。春申君便在原來吳國的廢墟上築城，以此作為自己的都邑。

公元前241年，這是春申君在楚國任宰相的第二十二個年頭。因秦國一直在進行擴張戰爭，諸侯各國擔心秦國坐大，就聯合起來結成盟國。然而真正面臨秦國軍隊時，聯軍卻潰不成軍。楚考烈王因此責備春申君，從此逐漸疏遠他。

楚考烈王沒有兒子，春申君一直很擔心，找了很多婦女進獻給他，最終還是沒有生下兒子。趙國人李園帶著如花似玉的妹妹想進獻給楚王，但又擔心妹妹若也無子便會失寵，便求熟人介紹，願作為家臣服事春申君。不久即請假回家，故意以此延誤期限。

回來以後觀見春申君，春申君問他何故遲遲不歸，他回答：「齊王派使者求聘我的妹妹，我陪使者飲酒，不知不覺延誤了期限。」春申君說：「聘禮送來了嗎？」李園回答說：「沒有。」春申君說：「能讓我看看你的妹妹嗎？」李園說：「可以。」於是李園獻上他的妹妹，立即受到春申君的寵幸。

後來，李園之妹很快懷有身孕，李園知道後，與他的妹妹商量，兄妹都認為是離開春申君的時候了。

於是李園之妹尋機勸說春申君：「楚王對你的尊重和寵信，即使是親兄弟也比不上。現在你雖做楚國宰相二十多年，但楚王沒有半個兒子，等他壽終之後，將另立兄弟為王。如果楚國另立國君，那麼新的國君肯定會重用自己親信的人，你又怎麼能長久地享受尊寵呢？而且，由於你受重用和掌權的時間

長，對楚王的兄弟多有失禮的地方，如果楚王的兄弟繼位，一旦災禍降到你身上，你如何保住相印和江東的封地呢？現在我知道自己有身孕了，但別人並不知道。我受你寵幸不久，如果你把我進獻給楚王，楚王一定會喜歡我；而我如果靠老天保佑能生個兒子，那麼將來你的兒子成為王，整個楚國都是你的，這與大難臨頭比起來，哪種情形更好呢？」

春申君完全同意她的看法，便報告楚王。楚王召令她進宮，果然非常寵愛，不久之後便生下一個男嬰，當即被立為太子，李園的妹妹也因此被封為王后。楚王自此重用李園，李園開始執掌政事。

李園一直害怕春申君洩密，便暗地裡收買亡命之徒，想殺春申君滅口，但已有不少百姓知道了內情。

春申君擔任宰相的第二十五年，楚考烈王病了。門下的食客朱英對春申君說：「世上有不期而來的幸福，也有不期而來的災禍。現在你處在變動無常的時代，服事反覆無常的國君，怎麼可以沒有不期而來的人呢？」春申君說：「何謂不期而來的幸福？」朱英說：「你擔任楚國宰相二十多年，雖然名義上是宰相，實際上卻是楚王。現在楚王病了，早晚要去世，而你將輔佐幼主，代替他執掌國政，就好像伊尹、周公一樣，國王長大了再把政權還給他，不就等於南面稱王、占有楚國嗎？這就是不期而來的幸福。」春申君說：「何謂不期而來的災禍？」朱英說：「李園不理國事卻是你的仇人，不率領軍隊卻早就在養亡命之徒，楚王一去世，李園必定先入宮掌權並殺你滅口，這就是所謂的不期而來的災禍。」春申君說：「何謂不

期而來的人呢？」朱英回答：「你安排我擔任郎中，楚王一去世，李園必定先入宮，我替你殺掉李園。這就是所謂不期而來的人。」春申君說：「李園是個軟弱的人，我對他很好，他不會這麼對待我。」朱英知道自己的話不會有任何作用，害怕危及自身，便收拾東西，連夜離開了楚國。

十七天後，楚考烈王駕崩，李園果然先入宮廷，讓亡命之徒埋伏在棘門以內，春申君一進棘門就慘遭殺害。李園還派遣官吏把春申君一家都殺掉。李園的妹妹當初受春申君寵幸而懷孕，隨後獻給楚王後所生的兒子登上王位，這就是楚幽王。

最大資本是門客：孟嘗君

孟嘗君姓田名文，父親為田嬰，是齊威王的小兒子，也是齊宣王的異母胞弟。田嬰自齊威王時開始任職，處理政務。齊宣王九年，田嬰在齊國任相，長達十二年。宣王死後，湣王即位。湣王即位三年，把薛地封給田嬰。

田嬰有四十多位子女，其中一位地位卑賤的妾生下一子，即田文，因於五月初五出生，田嬰便對田文的母親說：「不要這個孩子。」然而田文的母親卻偷偷讓他活了下來。

田文長大後，他的母親讓他去見田嬰。田嬰憤怒地斥責田文的母親：「我說過不要這個兒子，而你竟敢讓他活下來，真是膽大包天。」田文叩頭說：「您不養育五月出生的兒子，這是為什麼？」田嬰說：「五月出生的兒子，長大後若與門戶一般高，將對他的父母不利。」田文說：「人生下來是受命於天？還是受命於門戶？」田嬰沉默無語。田文說：「如果是受

命於天，您還擔心什麼呢？如果是受命於門戶，那麼就把門戶增高，有誰能不停地長高呢？」田嬰怒斥：「你閉嘴。」

　　過了很久，田文問田嬰：「您兒子的兒子叫什麼？」田嬰說：「孫子。」田文問：「孫子的孫子叫什麼？」田嬰說：「玄孫。」田文又問：「玄孫的孫子又叫什麼呢？」田嬰說：「我不知道。」田文說：「您在齊國任相，到現在已經歷了三朝，齊國的國土沒有增加，而您自己家裡積累的財富已有萬金，門客之中卻沒有一個賢能的人。我聽說將門一定出將，相門一定出相。現在您的後宮女子身穿綢緞而士人們連粗布衣服都穿不上；您的奴僕賤妾有多餘的糧食，而士人們連糟糠都吃不到。現在您又竭力積累財富，想留給您不知是誰的後人，卻忘了國家正一天天受損，實在奇怪。」從此，田嬰對田文刮目相看，讓他主持家務並接待賓客。來訪的賓客日益增加，田文也名揚諸侯，各國都派人請田嬰立田文為繼承人，田嬰同意了。田嬰死後，謐號為靖郭君。田文在薛繼承父位，這就是孟嘗君。

　　孟嘗君在薛邑，招待各國的賓客，連那些逃亡的罪人都前來歸附。孟嘗君不惜家業厚待他們，因此攬盡了天下有才之士。他的食客有數千人，無論貴賤均與田文平等相處。孟嘗君接待客人，與客人談話時，在屏風後面常常有人記錄他們的對話，並向客人的親屬贈送禮品。

　　孟嘗君曾經在晚上接待客人吃飯，有一位客人偶然遮住了火光，另一位客以為招待自己的食物比較差，立即停止吃飯並告辭離去。孟嘗君站起來，端著自己的飯碗與這位客人的相

比，裡頭的飯都是一樣的。客人感到十分慚愧，就自殺了，而更多的士人們卻因此自遠道而來歸附孟嘗君。孟嘗君對門客也從不大小眼，對每個人都很好，所以每位門客都認為孟嘗君對自己很親近。

秦昭王聽說孟嘗君賢能，於是派涇陽君到齊國做人質，藉機邀請孟嘗君去秦國，他的賓客們都勸他別去，但他不聽。蘇秦之弟蘇代說：「今天早上我從外面回來，見到一個木偶與一個土偶在對話。木偶說：『天一下雨，你就壞了。』土偶說：『我是土做的，毀壞後復歸於土。現在天一下雨，你將被水沖走，不知道會在哪裡停息呢？』現在的秦國，虎狼之心天下皆知，倘若你去了，秦國卻不讓你回來，你能不被土偶譏笑嗎？」孟嘗君因而打消念頭。

齊泯王二十五年，派孟嘗君前去秦國，秦昭王想讓孟嘗君任秦國的丞相。有人勸秦昭王說：「孟嘗君如此賢能，又是齊王的同族人，在秦國任相一定會先考慮齊國而後再考慮秦國。」因此秦昭王便不再理睬孟嘗君，甚至還企圖殺他。孟嘗君派人到昭王的寵姬那裡求救，昭王的寵姬說：「希望得到孟嘗君的白狐皮衣。」當時孟嘗君有一件白狐皮衣，價值千金，天下無雙，到秦國後已獻給昭王，再也沒有其他的白狐皮衣。孟嘗君很為難，問遍所有門客，沒有人能想出辦法。

這時，有一位善於偷東西的人說：「我能拿到白狐皮衣。」夜裡，他裝扮成狗潛入秦宮，竊取孟嘗君獻給昭王的白狐皮衣，把它獻給昭王的寵姬。寵姬替孟嘗君向昭王求情，昭王才放了孟嘗君。

　　孟嘗君被釋放後就驅車逃離秦都，改名換姓以求出關。秦昭王忽然後悔釋放孟嘗君，正派人找他，但孟嘗君已離開了，就急忙派人驅車傳令追捕。孟嘗君到了函谷關，十分著急，因為這裡要等雞啼叫時才開門。正巧他的門客之中有一個人能學雞叫，他一叫，許多雞都跟著啼叫，孟嘗君等人才順利出了關。

　　他們出關不到一頓飯的時間，秦國的追兵果然到達函谷關，但孟嘗君已出關，秦兵只好空手而返。當初孟嘗君把這兩個能學雞叫、能像狗一樣善偷東西的人列為賓客時，其他賓客們都感到羞恥，但當孟嘗君在秦國有難，卻是這兩個人救了他。

　　孟嘗君經過趙國，趙國平原君以禮待他。趙國人聽說孟嘗君賢能，看到他後，卻都笑著說：「原來以為薛公一定長得高大魁梧，現在一看，不過只是一個矮小的男子。」孟嘗君聽到後十分憤怒，他的門客與他一起下車，斬殺數百人，滅掉了一個縣之後才離開。

　　孟嘗君回國後，被任命為齊相，主持政事。

　　孟嘗君在齊國任相，他的門客魏子替孟嘗君收取封邑的租稅，連續往返三次都徒勞無功。孟嘗君問他原因何在，魏子回答：「我私自把收來的租稅以你的名義借給一個賢人，所以沒有拿回租稅。」孟嘗君憤怒之下把魏子辭退。過了幾年，有人在齊湣王面前誹謗孟嘗君：「孟嘗君可能會造反。」孟嘗君見齊湣王信以為真，就趕緊逃跑了。而當年受魏子贈粟的那位賢人聽說後，立即上書稱孟嘗君絕不會作亂，並在宮門前自殺以

替孟嘗君保證。湣王很震驚，遂派人詳查，發現孟嘗君果然沒有謀反的跡象，就再次召回孟嘗君。但孟嘗君稱病推辭，希望回薛邑養老，湣王答應了。

當初，馮諼聽說孟嘗君禮賢下士，便慕名前來見他。孟嘗君說：「先生遠道而來，能夠對我指教些什麼？」馮諼說：「我是因為貧窮才來投奔你的。」孟嘗君讓他住在下等客人所住的傳舍之中。十天後，孟嘗君問傳舍的舍長：「客人在做些什麼？」舍長回答：「馮先生很貧窮，只有一把劍，而且是用草繩纏著劍把。他總是彈著他的劍唱著：『長劍回去吧，吃飯時沒魚。』」於是孟嘗君把他遷到中等客人住的幸舍，吃飯時有魚。過了五天，又問傳舍長。傳舍長回答：「這位客人又彈劍而歌：『長劍回去吧，出門時沒有車。』」之後，孟嘗君又把他安排到上等客人住的代舍，出入可以乘車。過了五天，孟嘗君又問傳舍長。舍長回答說：「這位先生又唱說：『長劍回去吧，沒有辦法養家。』」孟嘗君很生氣，便不再理他。

過了一年，馮諼都沒有什麼表現。孟嘗君當時在齊國任相，在薛邑受萬戶之封，食客有三千人，封邑的收入養不起那麼多人。於是他派人在薛邑放高利貸，過了一年多，由於收成不好，借錢的人大都無法償付利息，這樣一來，就無法繼續供養眾多食客。

孟嘗君很擔心，問左右的人：「誰可以幫我到薛邑收取借款？」傳舍長說：「代舍的客人馮公比較擅長辯論，而且又年長，雖沒有別的特長，收債應是可以勝任的。」馮諼到了薛邑後，把向孟嘗君借錢的人召集在一起，邊喝酒吃牛邊開會，

有能力還利息者，與他確定還息的日期；因為窮困而不能還息者，取出借錢的文書把它燒了，並說：「孟嘗君之所以要收取利息，是因為無法養那麼多賓客。現在富有的人確定歸還的日期，貧窮的人燒掉借據就當把錢送給了他們。有這麼好的君主，難道大家還要辜負他嗎？」在座的人都起身拜了又拜。

　　孟嘗君聽說馮諼燒掉了借據，憤怒地派人召回馮諼。孟嘗君說：「我門下有太多食客，因擔心無法養活他們，才把錢借貸給薛邑的人。現在請先生去收債，而先生卻買了許多牛和酒招待借債之人並燒掉借據，這是為什麼？」馮諼說：「不多準備牛和酒，就不能把大家都聚集過來，那麼便無法知道誰富裕誰貧窮。對富裕的人，我與他確定歸還的日期；而貧窮的人即使催他十年，他也拿不出來，利息將越來越多。如果追討過急，他們會逃亡到異鄉，使債務自動廢除。若真如此，必定有人認為你愛好利益而不愛惜百姓。而燒掉那些無用的借據，放棄不可能收回的債款，讓薛邑的百姓親近你並傳揚你的善名，難道不划算嗎？」語畢，孟嘗君這才向馮諼表示感謝。

　　齊王由於聽信讒言，罷免孟嘗君。賓客們看到孟嘗君被罷免，全都離開了他，只有馮諼說：「借給我一輛車，我到秦國去，一定會使你在齊王面前重新獲得重視。」於是孟嘗君準備了車子和錢幣讓馮諼前往秦國。

　　馮諼對秦王說：「遊說之士駕車向西來到秦國，都是想讓秦國強大而讓齊國削弱；若他們駕車向東進入齊國，則是想讓齊國強大而削弱秦國。兩國中只有一方能稱雄。」秦王一聽，問他：「怎麼做才能使秦國立於不敗之地呢？」馮諼說：「大

王您知道齊國已經罷免孟嘗君了嗎？」秦王說：「聽說了。」
馮諼說：「使齊國威振天下的是孟嘗君。現在齊王罷免他，
他心裡一定有怨恨，因此一定會背叛齊國；一旦孟嘗君背棄齊
國，進入秦國，便會將齊國的國情、人事關係等內幕告訴您，
這樣一來，秦國就可以占有齊國的土地。您趕快派使者裝著錢
幣偷偷前去迎接孟嘗君，不可失掉時機。假如齊國再次起用孟
嘗君，齊、秦兩國勝負就難以預知了。」秦王聽後十分高興，
就派出十輛車帶著百兩黃金迎接孟嘗君。

　　馮諼辭出，先於秦國使者回到齊國，勸齊王說：「秦國強
大則齊國削弱，兩者勢必不可能同時稱雄。我聽說秦國派遣使
者乘著十輛車、裝著百兩黃金來迎接孟嘗君。孟嘗君不入秦則
已，一旦他西入秦國擔任秦相，那麼天下必定歸屬秦國，而齊
國就很危險了。大王為什麼不在秦國使者未到之前恢復孟嘗君
的相位、增加他的封邑並向他致歉？孟嘗君一定會高興地接
受。秦國雖然是強國，難道可以請走別國的宰相嗎？大王您應
打擊秦國的計謀，以阻止它壯大。」齊王點頭稱道：「說得沒
錯。」於是派人到國境等候秦國的使者。

　　秦國使者的車輛剛進入齊國的國境，齊國的使者就飛奔回
來稟告齊王，齊王遂召回孟嘗君，恢復他的相位，並且歸還他
原來的封邑，再增加一千戶的封地。秦國的使者聽說孟嘗君已
在齊國恢復相位，掉轉車頭就回去了。

　　自從齊王罷免孟嘗君，他的賓客都離他而去。後來孟嘗君
被召回並恢復相位，馮諼去迎接他。他們還未到國都時，孟嘗
君長嘆說：「我禮賢下士，對待賓客生怕有任何閃失，因此有

食客三千多人，這些先生是知道的。不料賓客們見我一旦失勢，就都棄我而去，對我不聞不問。現在終於靠先生而恢復相位，其他賓客如有人再來見我，我一定要把口水吐在他的臉上盡情羞辱他。」

馮諼下馬而拜，孟嘗君下車把他扶起，說：「先生是替他們向我致歉嗎？」馮諼說：「我不為賓客道歉，而是因為你的話有不妥。萬物各有定數，你知道嗎？」孟嘗君說：「我不明白你是什麼意思。」馮諼說：「萬事萬物都有其發生、發展和滅亡的過程。富貴多士，貧賤少友，這是十分自然的。你看那些趕集的人，天剛亮時，肩挨著肩、搶門而入；等到日落以後，人們再經過集市便不屑一顧。這不是他們喜歡早晨而討厭傍晚，而是因為他們想要的東西已經不在其中。因此，希望你能像以前一樣對待賓客。」孟嘗君拜了兩次說：「先生言之有理，我會聽從你的教導。」

孟嘗君雖回到齊國繼續任相，但齊王早已不那麼信任他，秦國又在楚國散布對孟嘗君不力的謠言，於是孟嘗君就出奔到魏國，在門客的協助之下，得到魏王的重用。可以說，孟嘗君一生在內政和外交上都有輝煌成就，門客實在功不可沒！

囊中有錐成大事：平原君

趙國眾多的公子中，以平原君趙勝最有才能，門下的賓客大概有數千人。平原君在趙惠文王和孝成王時任相，曾三次離開相位，又三次恢復相位，被封在東武城。

平原君樓房緊靠一家老百姓，這一家有個跛足的人，總是

一搖一擺地去提水。平原君家中的一位美人住在樓上，看見了就大笑起來。第二天，這位跛足的人來到平原君的家門口，說：「我聽說你愛好賢士，所以士人不遠千里而來，那是因為你以士人為貴而以妾為賤。我不幸得了這種腰彎背駝的殘疾，而你後宮的一位美女每次都要嘲笑我，我希望你殺掉那人。」平原君笑著說：「好。」跛足的人離開後，平原君道：「這小子只因為一笑的緣故就要殺我的美人，太過分了。」最終沒有殺那位美人。

過了一年多，不知為什麼，他的賓客和門下的食客超過一半的人紛紛離他而去。平原君感到很奇怪，說：「我對大家從沒有失禮的地方，為什麼他們卻紛紛離開我呢？」他的一位門客上前對他說：「因為你沒有殺那位笑跛足者的美人，所以大家認為你重色輕士，由此斷定跟著你不會有什麼好下場。」於是平原君就砍下了那位美人的腦袋，親自到跛足者的家裡獻頭，並向他致歉。之後，他門下的賓客才慢慢地又回來了一些。

秦國圍困邯鄲時，趙國派平原君向楚國求救，準備與楚國聯合，平原君打算與食客中文武兼備的二十個人一起前往。選出了十九個人之後，剩下的人都不符合要求，因此無法湊齊二十個人。

門下食客中有個叫毛遂的人，向平原君推薦自己說：「希望你讓我作為備用人員一起前往。」平原君問：「先生在我的門下已經幾年了？」毛遂說：「已有三年了。」平原君說：「有才能的人活在世上，好比一把錐子放在囊中，它的錐尖會

立即顯現。而先生在我的門下已經三年了，我從沒聽誰提過你，這說明先生並沒有什麼特長，先生還是留下吧。」毛遂說：「我今天才請求把自己放入囊中。假如讓我早日處於囊中，我早就脫穎而出，不光是錐尖顯現而已。」平原君終於同意讓毛遂一起去，但其他的十九人都對毛遂不屑一顧。

等毛遂到了楚國，偶爾與另外十九個人一起談論，這十九人居然都對他很佩服。平原君向楚國建議合縱結盟，極力陳述其中的利害關係，從早上一直談到中午還沒有定論，十九個人便對毛遂說：「先生由你去談。」

毛遂踏階而上，對平原君說：「合縱結盟的利害關係，兩句話就可以說清，從早晨談到中午，卻還沒有決定下來，這是為什麼？」楚王對平原君說：「這個客人是幹什麼的？」平原君說：「他是我的門客。」楚王喝斥道：「還不下去！我正在與你的主人談話，你算什麼！」

毛遂面不改色，按劍陳辭：「大王之所以敢喝斥我，是因為楚國人多，但現在十步之內，楚國的人再多也無用，因為大王的性命懸在我手中。而且我聽說商湯只憑著縱橫七十里土地便稱王天下，周文王憑著百里的土地而使諸侯臣服，不是因為士兵眾多而是因為他們能掌握對自己有利的形勢而顯示威力。現在楚國的土地方圓五千里，軍隊百萬，這是稱霸稱王的資本。憑著楚國的強大，天下誰能抵擋？白起不過一個毛頭小子，他帶領幾萬軍隊與楚國作戰，第一次戰役攻下了鄢和郢，第二次戰役燒毀了夷陵，第三次戰役使大王您的祖先遭受侮辱。這是百世的怨仇，連趙國都為此感到羞恥，而大王卻不知

它的壞處。合縱結盟是為了楚國，不是為了趙國。」

楚王說：「好，確實如你所說，就讓我的國家採納合縱之策。」毛遂說：「合縱之策定了嗎？」楚王說：「就這麼定了。」毛遂對楚王左右的人說：「取雞、狗、馬的血來。」毛遂手捧銅盤跪行到楚王面前，說：「大王應當歃血以確定合縱之策，其次是我的主人，再次是我。」就這樣，在殿上把合縱之策定了下來。

平原君回到趙國後，楚國派春申君領兵赴趙國援救，魏國的信陵君也假傳命令來救趙國，但他們都尚未趕到。秦國加緊圍困邯鄲，邯鄲十分危急，平原君十分擔心。

邯鄲傳舍吏的兒子李同對平原君說：「你不擔心趙國會滅亡嗎？」平原君說：「趙國滅亡，我就成了俘虜，怎麼會不擔心呢？」李同說：「邯鄲的百姓把人骨頭當柴燒，易子而食，十分危急。你的後院有女子上百人，婢女和侍妾都穿著綢緞，還有多餘的糧肉，然而百姓卻穿著破爛的粗布衣，連糟糠都吃不到。老百姓十分困乏，武器又將用盡，你家裡的器物、鐘磬卻與從前一樣豪華講究。假如秦國攻破趙國，你不可能還擁有這些東西。假如趙國得以保全，你還需要擔心沒有這些東西嗎？如果你現在能把你夫人以下的人都編入士卒之中，分工做事，把家中所有的東西全都拿出來犒勞士兵，他們一定會非常感激你。」於是平原君聽從他的建議，因而招到了敢死之士三千人。李同與這三千人一起出擊秦軍，秦軍被迫後退三十里。又恰遇楚國、魏國的救兵趕到，秦國不得不撤兵，於是邯鄲終於得以保存。由於李同不幸戰死，平原君便封他的父親為

李侯。

平原君死於趙孝成王十五年，子孫世代封爵，後來與趙國一起滅亡。

兩度退秦遭君妒：信陵君

信陵君本名魏無忌，是魏昭王的小兒子。昭王死後，封公子為信陵君。無忌為人仁義，又能禮賢下士，凡是士人，不論才能高低，都能謙虛地與他們以禮相交，從來不敢因為自己富貴而怠慢士人。因此方圓幾千里的士人，都爭相前往歸附他。諸侯各國因為信陵君賢能，門客又多，十幾年不敢進軍侵犯魏國。

有一次，信陵君跟魏王下棋時，從北方邊境傳來了趙國大軍壓境的警報。魏王立即停止下棋，想召集大臣前來商議對策。信陵君勸止魏王說：「趙王只是出來打獵而已，不是入侵。」兩人仍然繼續下棋。但魏王由於害怕，心思根本不在下棋上。過了一會兒，又從北方傳來消息說：「趙王只是打獵而已。」魏王非常吃驚，問道：「公子為什麼知道得這麼清楚呢？」信陵君說：「我的門客之中有能夠打聽到趙王行動的人，趙王的所作所為，門客總是一五一十地向我報告。」從此以後，魏王因信陵君的才能出眾，便不把國家大事委任給他。

魏國有個隱士名叫侯嬴，已是七十歲高齡，家裡十分貧窮，擔任大梁夷門的看門小吏。信陵君聽說後便前往問候，要厚贈他財物。侯嬴不肯接受，說：「我潔身自愛幾十年，不能因為貧困的緣故而接受公子的財物。」

　　公子於是擺設酒席，大請賓客。客人坐定之後，信陵君讓車馬隨從，並空著車子左邊的座位，親自到夷門迎接侯先生。侯先生整了整破舊的衣帽，直接登上公子乘車之上位，毫不謙讓，想藉此觀察公子。信陵君握著馬韁繩，顯得更加恭敬。侯先生又對公子說：「我有個朋友在市場的屠宰坊中，希望勞駕你的車馬經過那兒。」信陵君駕車到市場裡，侯先生下車去見他的朋友，眼睛卻偷看信陵君的反應，並故意站著跟他的客人說了很久的話，只見公子臉色更顯溫和。

　　這時候，魏國的將相及宗室賓客齊聚一堂，正等待公子舉杯祝酒。而公子卻恭恭敬敬地為侯嬴牽著馬韁繩，隨從人員都暗暗咒罵侯先生。侯先生看到公子的臉色始終和婉，才辭別客人，登上車子。

　　回到家裡，公子領著侯先生坐在上位，並一一向他介紹賓客，賓客們都很吃驚。正當酒喝得酣暢時，公子起立，來到侯先生面前敬酒。侯先生於是對公子說：「今天我侯嬴難為公子了。我只是夷門的看門人，公子卻親自委屈車馬，在大庭廣眾之中迎接我，我本不該去拜訪客人，然而又想成全公子的美名，故意讓公子的車馬久久站立在市場裡，藉此觀察公子，公子卻更加恭敬。市民都認為我侯嬴是小人，而把公子看作是禮賢下士的英主。」酒席至此結束，侯先生於是成為公子的上賓。

　　侯先生對信陵君說：「屠夫朱亥是個有才能的人，可惜世人沒有人能了解他，所以隱居在屠宰坊裡。」信陵君多次前往拜訪，但朱亥卻從來不曾回拜。

　　魏王二十年，秦昭王已經打敗趙國在長平的駐軍，又進軍圍攻邯鄲。信陵君的姐姐是趙惠文王弟弟平原君的夫人，她多次送信給魏王和公子，向魏國求救。魏王派將軍晉鄙帶領十萬軍隊前去援救趙國。秦國派使者警告魏王：「我進攻趙國，必定很快取勝，如果各諸侯國有敢援救趙國的，在我攻下趙國以後，一定要移軍先進攻它。」魏王心生害怕，派人要晉鄙停止進軍，把軍隊停駐在鄴縣，名義上是救援趙國，實際上是兩頭觀望。

　　平原君派出的使者接踵來到魏國，責備信陵君：「我趙勝之所以與你結成親家，是因為你重義氣，又能解救別人的困難。現在魏國的救兵卻遲遲不來，你濟人危難的義氣何在！況且你可以輕視我、拋棄我，讓我去投降秦國，難道你不可憐自己的姐姐嗎？」信陵君為此發愁，多次請求魏王，並請自己的賓客、辯士千方百計遊說魏王。魏王害怕秦國勢力，始終不肯聽從信陵君的勸言。信陵君估計無法得到魏王的幫助，就請賓客準備了一百多輛車馬，想率領賓客前去攻擊秦軍陣地，與趙國共生死。

　　信陵君的隊伍經過夷門，見到了侯先生，就把自己要與秦軍決一死戰的情況全部告訴他，然後隊伍就要出發了。侯先生卻說：「公子你好自為之吧，我不可能隨你去。」

　　信陵君走了幾里路，心中不悅，想：「我對待侯先生夠周到的了，如今我將要赴死，侯先生竟沒有一言半語送給我，難道我有什麼過失嗎？」信陵君又帶著車馬回去，問侯先生是何故。侯先生笑著說：「我就知道你會回來。」又說：「你喜愛

士人，名傳天下。現在有了急難又沒有別的辦法，才不得不進攻秦軍陣地，你這麼做好比將肥肉投給餓虎，有什麼作用？何必供養門客呢？」

信陵君拜了兩拜，向他請教。侯先生請退旁人說：「我聽說晉鄙的兵符經常放在魏王的臥室裡，而如姬最受寵幸，她經常出入魏王的臥室，應有辦法偷到兵符。我還聽說如姬的父親被人殺死，三年來如姬一直想報仇，卻沒有如願。後來如姬曾對公子你哭訴，是公子派人斬了她仇人的頭，恭敬地進獻給如姬，如姬肯定願替你效死，只是還沒有找到機會罷了。你如果開口請求如姬幫助，如姬一定會答應，那麼你就能得到兵符奪取晉鄙的軍隊，往北救援趙國，向西擊退秦軍，這是如同春秋五霸一樣的功業啊！」信陵君聽從侯嬴的計謀，請求如姬幫助。如姬果然偷了晉鄙的兵符給信陵君。

信陵君出發時，侯先生說：「將在外，君命有所不受，為的是有利於國家。公子即使合了兵符，但晉鄙若不把軍隊交給你，而再向魏王請示，事情就會有危險了。我的客人屠夫朱亥可跟你一起去，這人是個大力士。晉鄙如能聽從是最好不過了；如不能聽從，就讓朱亥殺了他。」聽到這裡，公子哭了。侯先生說：「公子怕死嗎？要不然為什麼哭呢？」公子說：「晉鄙是一位勇猛的老將，我去，恐怕他不肯聽從，如此一來必然要殺他。我是因此哭泣，怎麼會是怕死呢？」

於是信陵君請求朱亥同行。朱亥笑著說：「我只是市場裡操刀的屠夫，公子卻多次親自拜訪。我之所以不回拜，是因為那是小禮節，沒有用。如今你有急難，正是我替你效命的

時候。」於是朱亥就跟信陵君一起出發了。信陵君向侯先生告別，侯先生說：「我本當隨從你，可是我年老體衰了。我會計算你的行程，當你到達晉鄙軍營的那一天，我將面向北方割頸自殺，以報答公子。」信陵君於是出發了。

信陵君到了鄴縣，假託魏王的命令取代晉鄙。晉鄙合了兵符，但對此表示懷疑，舉起手來看了看信陵君，說：「現在我帶著十萬大軍駐紮在國境上，你卻獨自駕車來接替我，這是為什麼？」

晉鄙的意思已很明白了，此時此刻，站在一旁的朱亥立刻見機行事，當即用藏在衣袖裡的四十斤重鐵椎殺死晉鄙。信陵君於是統率晉鄙的軍隊進攻秦國。他整編隊伍，向全軍發布命令說：「父子都在軍營者，父親回家；兄弟都在軍營者，兄長回家；沒有兄弟的獨生子者，回家奉養雙親。」最後，信陵君整編了沒有後顧之憂的精兵八萬人，進軍秦營。

秦軍退兵而去，於是邯鄲被救，保存了趙國。趙王和平原君親自到邊界迎接公子，平原君背著箭袋在前面為公子引路。趙王拜了兩拜說：「自古以來沒有比得上公子的賢人。」

在信陵君到達軍營時，侯先生果然面向北方割頸自殺。魏王恨信陵君偷他的兵符並假傳命令殺死晉鄙，信陵君自己也知道此罪之大。所以在擊退秦軍以後，信陵君派將領統率軍隊回到魏國，而信陵君獨自和賓客留在趙國。

趙孝成王感激信陵君奪取晉鄙的軍隊而救助了趙國，就與平原君商議，要把五座城池封給信陵君。信陵君聽說這件事後，心裡得意洋洋，並流露出自己確有功勞的神色。

於是有賓客勸說信陵君：「有些事不可以忘記，有些事則不可以不忘記。別人對公子有恩德，公子不可以忘記；公子對別人有恩德，希望公子忘掉它。況且公子假託魏王的命令奪取晉鄙的軍隊去救援趙國，對趙國來說這是有功勞，但對於魏國來說公子就是不忠了。公子卻驕傲地把此事當作自己的功勞，我私下認為公子不應這樣。」於是信陵君立即責備自己，並感到無地自容。

趙王親自打掃道路，躬身迎接信陵君，並指引信陵君走上西邊的台階；信陵君卻謙讓地側著身走，從東邊的台階拾級而上，並自稱罪過，因為辜負了魏國，對趙國也沒有功勞。趙王一直陪酒到傍晚，口中不忍心談獻出五座城池的事，因為信陵君太謙讓了。

信陵君終於留在趙國。

信陵君聽說趙國有隱士毛公隱居在賭徒群中，而薛公隱居在賣酒漿的人家裡，信陵君很想見見這兩個人。但這兩人不知何故東躲西藏，不肯見信陵君。

信陵君打探到他們的住處後，不辭路遠，悄悄步行前往拜訪。他和兩人均一見如故，言談之中非常融洽。

平原君聽說這件事後，對他的夫人說道：「當初我曾聽說夫人的弟弟信陵君的德行天下無雙，現在我卻聽人說他竟然跟賭徒和賣酒漿者交往甚密。看來公子是個荒唐的人啊。」平原君夫人把這些告訴了弟弟信陵君。

信陵君立即辭別姐姐要離開，並說：「當初我聽說平原君賢能，所以辜負了魏王而救援趙國。但看來平原君和人們的交

往，只是一種裝飾門面的舉動罷了，並不是真正為求賢士。我無忌在大梁的時候，時常聽說毛公和薛公是不可多得的賢才，到了趙國以後，唯恐見不到他們。而我終於找到他們，想跟他們友好還怕他們不願意。如今平原君竟然把此事當作羞恥的事情，實在不值得再繼續與他交往下去。」於是整理行裝，準備離開趙國。

平原君夫人把這些話告訴平原君，平原君立即脫掉帽子前來謝罪，真誠地挽留信陵君。而平原君的門客聽說這件事後，至少有半數人離開平原君而歸附信陵君。

信陵君留在趙國十年未回。秦國聽說信陵君在趙國，便日夜派兵向東進攻魏國。魏王對此十分憂慮，不得不一再派遣使者去請信陵君。信陵君害怕魏王還在怨恨他，就告誡門客：「敢替魏王的使者通報的人立即處死。」賓客都是棄魏來趙的，沒有誰敢勸告公子回國。

只有毛公和薛公兩人去見公子，並勸說道：「公子之所以在趙國受到重視，聞名諸侯國，只因為有魏國。現在秦國進攻魏國，魏國情勢危急而公子卻置之不顧，假如秦軍攻破大梁，踏平了先生的宗廟，公子還有什麼臉面立於世上呢？」話未說完，信陵君立刻吩咐準備車馬，趕快回去解救魏國。

魏王見到信陵君，相對而泣，然後把上將軍的印信授予信陵君。

信陵君派使者通告各諸侯國。各國聽說信陵君為將，分別派遣將領統率軍隊來救援魏國，可見信陵君在諸侯國中的威信之高。信陵君率五國聯軍，在河外打敗秦軍，乘勝追擊，一口

氣追到函谷關，堵住秦軍，致使秦軍不敢出關。此時，信陵君的威名傳遍天下，各國賓客向信陵君進獻的兵法，信陵君都欣然為它們題名，世人稱此為《信陵君兵法》。

秦王忌憚信陵君，絞盡腦汁，終於想出一個計策。連夜差人送一萬斤黃金到魏國，尋找晉鄙的門客，讓他們在魏王面前誹謗信陵君說：「公子流亡在國外十年了，現在又擔任魏國的將軍，各國的將領都隸屬於他，各國只聽說有信陵君，沒聽說有魏王。信陵君也想趁這時候稱王。各國懾於信陵君的聲威，正想共同擁立他。」

魏王每天都聽到這些誹謗的話，不得不相信實有其事。後來果然派人取代信陵君上將軍的職位。信陵君知道自己是因為再次遭遇誹謗而被棄置不用，便託病不入朝，與賓客通宵達旦地飲酒作樂，終日沉溺女色之中。時間長達四年之久，終於因飲酒過度生病而死。這一年，魏王也去世了。

秦國聽說信陵君死了，就派軍隊攻打魏國，占領二十座城池，開始設置東郡。此後秦國逐漸蠶食魏國，十八年後攻破了大梁，魏國覆滅。

第二章
叱吒風雲的名將

在各國征伐不斷的戰國時代，坐鎮沙場指揮作戰的將軍一直都是舞台上的要角，他們帶領著士兵與敵人搏鬥廝殺，有時是為開拓疆域，有時則是保鄉衛土，在一場又一場的精采戰役中，左右著國家的命運與時代發展的軌跡。

殺妻求仕卻愛兵如子：吳起

吳起是衛國人。小時候，家中頗為殷實，吳起體健勇武，尤其喜歡兵法。長大之後，吳起外出求官，卻四處碰壁、散盡家財。

有幾個同鄉恥笑吳起求官不成，是因為他不具備才能。吳起惱羞成怒，無法自抑，手拿著刀，殺死恥笑自己的三十餘人。

闖下大禍之後，吳起拜別家中老母，臨行前，他當著母親的面起誓說：「我如果不能取得卿相之位，這輩子誓不踏入衛國一步。」

吳起先是拜孔子門生曾子為師，學習儒學。在此期間，吳起的母親患病而亡，吳起得到噩耗之後也不回家奔喪，曾子認為吳起德行有虧，便不再教導他。

吳起於是改學兵法，學成後為魯國所用。

有一年，齊國攻打魯國，魯君冴用吳起為大將，領兵禦

敵，卻遭到朝中大臣的反對。吳起知道反對自己出任大將的人，是懷疑自己娶了一個齊國妻子，擔心自己領兵時心有顧忌，不會全力禦敵。吳起為謀得將軍之位，博得一展腹中韜略的機會，於是親手殺掉自己的妻子，向世人展示他的心志。

至此，魯君才開始用吳起為大將，統率大軍抗擊齊軍。雙方展開激烈的戰鬥，魯軍大勝。

戰場上的勝利，並沒有使吳起在魯國得到進一步的重用，反而因小人的讒言，使魯君對吳起日漸冷落，令吳起產生離開魯國之意。

吳起聽說魏國國君魏文侯正禮賢下士，廣招天下俊傑，於是前往相投。

魏文侯問近臣李克：「吳起是什麼樣的人呢？」

李克據實以告：「此人品性不佳，但用兵之能絕不在司馬穰苴之下。」

魏文侯於是重用吳起，委以大將軍之任，負責率兵攻打秦國。

吳起得魏文侯重用，心裡十分感激，治軍也格外用心。行軍途中，吳起臥不沒席，行不騎馬，連自己的糧餉也是親自背負，不借助別人的力量。他吃普通士兵吃的飯食，穿普通士兵穿的甲冑。當大家知道大將軍竟然就混在自己中間時，激動和欽佩之感溢於言表。

當時正值酷暑，天氣非常炎熱，有的士卒身患惡瘡，甚至有的已化膿生蛆，吳起竟然親自俯身替士卒吮膿去蛆。吳起愛兵如子的名聲傳了出去，爭相為其效命者不計其數。

與秦軍一戰，魏軍大獲全勝，連克秦國五座城池。

吳起因善於用兵，又能體恤士卒，頗得文侯信任，文侯任命他為西河太守，以對抗虎視眈眈的秦、韓兩國。

魏文侯駕崩之後，武侯繼位，仍以吳起為西河太守。有一天，武侯巡視西河，他順流而下，見河谷地勢險峻，不由慨歎：「如此險峻的天然屏障，確實是魏國最寶貴的地方。」

吳起不以為然，恭身對主君說：「國家的富強、民眾的安樂，不在於山河的險固，全在乎君主的仁德。」

魏武侯覺得吳起所言頗有道理，便對他更加器重。

不久，魏武侯任用從齊國投奔的孟嘗君田文為魏國丞相，權力和地位都在吳起之上，吳起心中不服，便故意找他麻煩。

有一天，兩人見面，吳起對田文說：「如果我與你比比誰對國家的功勞大，你認為如何？」

田文坦然說道：「將軍請講。」

吳起說：「統領三軍，令士卒誓死報國，讓敵國不敢有圖謀之意，你與我比較起來，到底是誰高明一些呢？」

田文說：「當然是我不如你。」

吳起又說：「治百官、親萬民，使國庫殷實，究竟是誰的功勞大呢？」

田文仍舊不加思索地答道：「在下不如將軍。」

吳起說：「據守西河，讓強秦不敢向東邁進一步，令韓、趙兩國臣服，又是誰的功勞呢？」

田文又說：「將軍功不可沒。」

「既然如此，這幾方面你都不如我，為什麼地位反倒在我

之上呢？」吳起不滿地大聲問道。

田文並不回答，卻反問吳起：「武侯年少繼位，國人對他不信任，大臣都不歸附於他，是誰幫助主君勤政愛民，令八方拜服的呢？」

吳起略加思索，答道：「當然是你的功勞。」

「這就是為什麼我位居將軍之上的真正原因。」田文說。

吳起終於發現自己確有不及之處，魏國能夠如此繁榮強盛，田文的確功不可沒。

田文死後，公叔擔任魏國丞相，因嫉妒吳起的才能，想加害吳起。公叔身邊之人便向公叔獻計說：「欲除吳起並不難。」

公叔問：「如何是好？」

此人說：「聽說吳起很注重自己的名聲，丞相可先對武侯說：『吳起真是個安邦定國的難得之才，只是魏國地小力弱又毗鄰強大的秦國，恐怕不能久留吳起。』武侯一定會問丞相如何是好？丞相此時便可對武侯進言：『可以用公主試探吳起，如果吳起有留魏之意，一定會欣然接受，如果吳起無留魏之心，一定會拒絕君主美意。』如此，則吳起離開魏國的日子也就不遠了。」

公叔依計而行。武侯立刻召吳起回朝試探。吳起不知這是公叔之計，果然不接受武侯下嫁公主的請求。

武侯從此對吳起起了疑心，而且越來越明顯。吳起怕久留魏國會遭遇不測，便悄悄地離開魏國，前去投奔楚王。

楚悼王乃雄心勃勃之人，能得到吳起的幫助，簡直如虎添

翼。吳起再一次遇到明主，也是傾力以報。很快便助悼王南平百越，西並陳、蔡，卻三晉之勢，伐強秦有功，使楚國勢力日盛，助悼王俯視天下。

楚國的日益強盛，令天下諸侯恐慌，而楚國國內的權貴外戚，也深恐吳起日漸得寵會危及自己的利益。兩股勢力一拍即合。

不久，悼王患病身亡，楚國貴戚認為時機成熟，便加害於吳起。失去悼王庇護，吳起處於孤立無助的險境，為了保全性命，吳起只得逃到悼王靈堂，躲在悼王的屍體後面。

這些宗室大臣並未就此罷手，仍命弓箭手射殺吳起。吳起最終沒有逃脫中箭而亡的命運，連帶悼王的屍體也中了數箭。

安葬完悼王，太子繼位，追究當初因射殺吳起而誅連悼王屍體受箭的人，有宗室大臣七十餘家獲罪。

馬陵之戰報大仇：孫臏

孫臏是齊國人，春秋時期著名軍事家孫武的後世子孫，活動年代約在公元前380年到公元前320年左右，大致在吳起之後，與商鞅、孟子同時。孫臏年少孤苦，懂事後看到當時各大國之間的兼併戰爭十分頻繁，而戰爭的勝負往往決定著一個國家的命運，打勝了，可以挽救國家危亡；打敗了，就要割讓土地，甚至亡國。因此他深感社會的最大問題是戰爭，便決心投身到戎馬生活中。後來，孫臏聽說深山裡有位自號鬼谷子的先生很有本事，於是拜鬼谷先生為師，學起兵法。

孫臏學習異常勤奮，鬼谷先生對他傳授《孫子兵法》十三

篇時，他愛不釋手，廢寢忘食，日夜不停地研究誦讀。三天後，先生一篇一篇地盤問，孫臏對答如流，一字不漏。

孫臏從師學藝時，有個同學叫龐涓，兩人相處得不錯。龐涓曾答應孫臏，自己若是出人頭地，肯定會提攜他。

後來龐涓到了魏國，託人說情見到魏惠王，替魏惠王東征西討，深得魏王的寵信，當上魏國的將軍。

他想起當年對孫臏的諾言，但又覺得自己的學識才能都比不上孫臏，如果把孫臏推薦給魏王，孫臏的地位將大大超過自己。於是心生一計，暗地派人把孫臏請到魏國，誣陷孫臏犯法，施以臉上刺字和割去雙膝骨的酷刑，並將他軟禁起來。

孫臏慘遭迫害、處境十分艱險，卻仍日夜不懈地從事《孫子兵法》的研究。後來，有個齊國使者來到魏國的首都大梁，孫臏因為受過刑，又受龐涓的人馬監視，不能明著登門拜訪，只好偷偷地去見那位齊國使者。齊國使者聽了孫臏的談吐，認為他是個難得的人才，遂祕密把他帶回齊國。

當時，正值齊魏爭霸交兵不斷。魏國是戰國初期首屈一指的強國。在魏文侯執政期間，魏國曾聯合韓、趙兩國，先後攻占秦國的西河地區，滅掉中山國，並突破齊國的長城，搶占楚國不少地方。魏惠王繼位後，於公元前368年又大敗韓、楚聯軍。為了向中原發展，惠王還把國都由安邑遷到大梁。魏國的擴張，使東面的近鄰齊國受到嚴重的威脅。

早在公元前386年，齊國田氏貴族取得政權後，也進行了一連串的社會改革。特別是齊威王當政時，任用鄒忌為相國，更加注意革新政治，選拔推薦文武人才，堅守四境，反抗外來的

威脅，國力一天天強大起來。正是在這種情況下，孫臏回到自己的祖國。孫臏回國不久之後，便見到了齊國大將田忌。田忌非常賞識孫臏的才能，便以接待上等賓客的禮節，殷勤地款待他。

田忌很喜歡賽馬，時常與齊國的王公貴族們打賭，因而輸了不少錢財。

有一次，孫臏看田忌與齊威王賽馬，上等馬與上等馬競賽，中等馬與中等馬競賽，下等馬與下等馬競賽，結果田忌三場都輸。孫臏發現，田忌的馬和齊威王的馬腳力相差不大。等到下次比賽時，孫臏讓田忌以上馬對威王的中馬，以中馬對威王的下馬，以下馬對威王的上馬。結果一負二勝，田忌贏得齊王千金。

齊威王非常驚奇，問田忌是如何取勝的。田忌坦率地回答說：「今天的勝利，不是我那三匹馬的功勞，而是孫臏出謀劃策的結果。」田忌藉這個機會把孫臏推薦給齊威王。威王從這件小事中看出孫臏出眾的才智，非常高興地召見他，與他談起了兵事。

孫臏一見威王，就陳述自己的看法，認為只有經由戰爭的手段，才能統一天下，維持自己的統治。威王有意問道：「若不用武力能不能使天下歸服呢？」孫臏回答：「只有打勝了，天下才會歸服。您看，黃帝與蚩尤打仗，堯帝討伐共工，舜帝征服三苗，商湯滅掉夏朝，把桀趕走，周武王打敗紂王，攻下商朝的都城，周公旦平定商朝殘餘勢力的反叛，哪一個不是用武力解決問題？有些人道德不及五帝，賢能不及三王，才智不

及周公，卻強調用仁義、禮樂，而不用武力的辦法來解決衝突，那是完全錯誤的。」孫臏對戰爭的深刻分析和對指揮作戰一系列獨到的主張，深深打動了威王和田忌，威王和田忌更加敬重和信賴他。不久，威王便拜孫臏為齊國軍師。沒幾年，齊國便大大強盛起來。為了對抗魏國的威脅，孫臏指揮了許多次戰鬥。

公元前354年，魏國派將軍龐涓帶兵八萬攻打趙國，很快便包圍了趙國的都城邯鄲。趙國抵擋不住，就向盟友齊國請求救援。齊威王從自身利益出發，一方面先用部分兵力聯合宋、衛兩個小國，攻打魏國的襄陵，分散魏軍的力量，使它處於兩面作戰的境地；另一方面，讓趙、魏兩國繼續激戰，以便坐收漁利。等到魏、趙兩軍相持一年多，雙方都受到很大損傷，齊威王才派田忌擔任主將，派孫臏做軍師，統率八萬大軍去救趙。

田忌打算直奔邯鄲，以解趙圍。孫臏不同意，提出要「批亢搗虛」，意思是不直接硬碰硬，而是避開敵人實力強大之處，襲擊虛弱的地方；魏國攻趙，精兵大都調在外地，留在國內的只不過是一些老弱殘兵。趁魏國都城防務空虛，率軍直奔大梁，就可迫使魏軍棄趙回救。田忌採納了孫臏的意見，帶領齊軍主力向大梁進軍。

公元前353年十月，魏軍費了九牛二虎之力，終於攻下邯鄲。可是，這時的形勢極為不利：宋、齊、衛三國聯軍仍然圍攻襄陵，楚國的軍隊乘魏國後方空虛，攻占其南部的且佳等地方，秦國的軍隊也乘機攻占少梁，特別是齊軍主力直搗大梁，對它的威脅更大。大梁是魏國的都城，是政治、經濟中心，大

梁的得失關係到戰爭的勝敗及國家的存亡。因此，龐涓在攻下邯鄲後，顧不得休整和喘息，被迫留下少數兵力留守邯鄲，親自帶領大軍急急忙忙回救大梁。

當魏國軍隊到桂陵附近時，碰上恭候已久的齊軍主力。魏軍由於長期攻趙，兵力消耗較大，加上長途跋涉，士卒疲憊不堪。而齊國卻以逸待勞，精力充沛，士氣旺盛，兩軍交鋒，很快就把魏軍打得大敗而回。魏國被迫議和，歸還邯鄲。

「圍魏救趙」顯示了孫臏傑出的軍事才能。此戰法一直為後代軍事家所讚賞和借鑑。

桂陵之戰十多年後，即公元前342年，魏國又派龐涓率領軍隊，向韓國進攻。韓國在魏國的西南，是七國中比較弱小者，自然抵擋不住強大的魏軍，連忙向齊國求救。齊威王召集群臣商量，相國鄒忌主張袖手旁觀，坐山觀虎鬥；田忌等則主張趕緊發兵相助。大臣們你一言我一語，爭執不下，只有孫臏默默不語，威王對著他說：「大家在那裡爭得面紅耳赤，軍師卻一言不發，是不是這兩種意見都不對啊？」

孫臏點點頭，說：「是的。魏國以強凌弱，入侵韓國，如果不救，韓國一旦投降，對齊國不利，所以說不救是不對的。但是，現在魏國才剛剛向韓國發動進攻，我們如果急忙出兵相助，便會代替韓國承受魏軍最初的打擊，不是我們指揮調度韓軍，反而要聽任韓軍指揮調度我們，所以馬上出兵也不合適。」威王說：「那麼，依你的意見該怎麼辦？」孫臏答道：「我認為可以先答應韓國的要求。韓國知道我們將出兵救它，就會竭盡全力抗擊入侵的魏軍；魏軍遭到韓國的頑強抵抗，也

必定會使出全部力量向韓軍反撲，這樣一來，韓國面臨兵敗國亡的局面，就會一心一意地依賴我們，而魏國經過激烈的拚殺，人力物力也會大大消耗。到那個時候，我們再發兵攻擊疲憊不堪的魏軍，挽救危難之中的韓國，這個辦法豈不是比前兩個意見好得多嗎？」威王聽了，大加讚賞，欣然採納了孫臏的建議。

公元前341年，當魏韓戰鬥更為激烈，兩軍實力大大削弱時，威王才派田忌為主將，田嬰為副將，孫臏為軍師，率領齊軍正式參戰。這次戰役，齊軍按照孫臏的計策，仍把攻擊的矛頭直接指向魏國的都城大梁。齊軍進入魏國不久，就獲悉龐涓即將回師魏國的情報。

深知魏軍情況和龐涓心理的孫臏對田忌說：「魏軍一向自恃驍勇，輕視齊國，急於與我軍主力進行決戰。善於用兵的人，就要利用敵人的這種心理，引誘他們中計。兵法上說得好：長途奔襲，如果超過百里以上，軍隊戰線拉得過長，補給不及，就會有折損上將的危險；如果超過五十里以上，部隊前後不能接應，也只有一半兵力能夠參戰。現在我軍已進入魏國的領土，可以裝出膽小怯戰的樣子以引誘魏軍。」田忌問：「怎麼引誘呢？」孫臏道：「可用退兵減灶的辦法。第一天造十萬人煮飯用的灶，第二天減為五萬人用的灶，第三天減為三萬人用的灶。」田忌和田嬰按照孫臏的計謀行事，避開魏軍鋒銳，不與他們交戰，並帶領齊軍迂迴向東撤退，在撤退途中，逐日減少宿營地的軍灶數目，造成敵人的錯覺。

再說龐涓帶領大軍日夜兼程趕回魏國，本想與齊國決一死

戰，不料齊軍掉頭東撤，便立即下令全軍緊緊追趕。這樣一連追蹤三天，龐涓發現齊軍的鍋灶天天在減少，便以為齊軍士氣低落，逃亡嚴重，因此大為高興。他丟下步兵和笨重的軍用物資，帶領一部分輕騎部隊，馬不停蹄，窮追不捨。就這樣，魏軍被孫臏引誘到了馬陵。

馬陵這個地方，兩旁是山，樹多林密，地勢險要，中間只有一條狹長的小路，是一個伏擊滅敵的好戰場。於是孫臏命令士兵伐木堵路，剝去路旁一棵大樹的一段樹皮，在露出的白木上面寫上「龐涓死於此樹之下」幾個大字。又挑選一萬名射箭能手，分頭埋伏在兩旁的山林裡，吩咐說：「夜裡只要看見火光一閃，你們就一齊放箭。」

這天傍晚，龐涓率領魏軍輕騎趕到馬陵，發現橫七豎八的樹木阻塞通道。龐涓上前察看，一面指揮兵士移開樹木，猛然看見道路旁一棵大樹，上面有一段白木顯露，隱約有字，就叫人點來火把。在火光的照耀下，龐涓看清了那一行字，大吃一驚，驚叫：「我中了孫臏的計了。」急忙命令魏軍後退。但是已經來不及了。

埋伏在兩旁的齊兵，一見火光升起，立刻萬箭齊發。魏軍輕騎猝不及防，頓時亂成一團，死的死、傷的傷、逃的逃。龐涓身帶重傷，智窮力竭，知道失敗已成定局，無限感嘆地說道：「真後悔當初沒把孫臏這小子殺了，現在反倒成就他的聲名！」說完，他就拔出佩劍自殺。龐涓一死，田忌和田嬰率領齊軍乘勝追擊，將魏軍後續部隊完全打垮，俘虜了魏太子申。

孫臏運籌帷幄，指揮齊軍，接連兩次打敗強大的魏國，一

時威震四方，名揚天下。從此齊國國勢也日益強大，其他大小諸侯都來朝見，唯齊國之命是從，成為當時獨霸一方的大國。

連下齊國七十城：樂毅

樂毅是魏文侯時名將樂羊的後人，少年之時，樂毅就以聰穎多智、才華不凡受到人們的關注。他長大以後，被趙武靈王重用。

後來，趙國發生變亂，樂毅不得不離開趙國，去到魏國。不久，奉魏昭王之命，樂毅出使燕國。

在此之前，齊國曾大敗燕國，燕昭王把這一次失敗引以為奇恥大辱，總想報仇。但由於燕國力量薄弱，又地處僻遠的北方，根本不是齊國的對手。

儘管如此，燕昭王始終沒有放棄，他命令郭隗布告天下，廣召天下賢才，希望這些有才能的人能夠幫助自己了卻心願。

樂毅的出使，令燕昭王抓住了一塊救命的木板。因為樂毅乃名人之後，善於用兵更是聞名於世，如果有此人相助，就不愁大事不成了。

燕昭王對樂毅非常客氣，也非常尊敬。值此亂世，得到如此厚待，樂毅心裡自然明白是怎麼回事。心存感激之餘，樂毅也想盡自己所能來幫助燕昭王。

當時齊湣王多次對外用兵都獲得決定性的勝利，齊國的勢力越來越大。但齊湣王在取得這一系列的勝利之後，便開始自我膨脹。國內百姓因為不堪年年兵災，也是怨聲載道。

燕昭王抓住這一點，準備伺機攻打齊國，但一直沒有取勝

的把握，於是問計於樂毅。

樂毅說：「齊國乃是大國，僅靠燕國的力量是不足以戰勝它。如果大王真是下定決心去攻打它，最好聯合趙國、楚國和魏國共同對敵。」

燕照王於是命樂毅出使趙國、楚國和魏國，以聯合他國共同作戰。

樂毅先到趙國，然後又去了楚國和魏國，由於齊湣王日益驕橫，動不動就對這些國家兵戈相向，大家都對他很不滿，正想找機會教訓他。樂毅的出使，頓時將大家共同的願望變成了統一的行動。聯合出兵的事情，就此一拍即合。

趙惠文王以相國之印授予樂毅，樂毅回到燕國，昭王命其為上將軍。於是，樂毅統領燕國、趙國、楚國、魏國、韓國的聯合軍隊，開始討伐齊國。

雙方先是在濟西一帶發生激戰，結果齊軍大敗，聯軍大勝。此戰之後，各國軍隊都回到本國，唯有樂毅率領的燕軍沒有善罷甘休。他們乘勝追擊，一直打到齊國都城臨淄。

齊湣王自從濟西一仗敗北，便一路逃亡，一直躲到了莒。樂毅攻入臨淄城，然後將齊國的金銀財寶和貴重之物全部運往燕國。燕昭王得到勝利的消息，心裡非常高興，親自至齊國來犒賞樂毅所率領的燕軍。

在此之後，樂毅仍駐軍於齊國，不斷攻擊還沒有攻克的城池。五年的時間，攻下了齊國七十餘座城池，僅剩莒和即墨尚在齊人的掌握之中。

這個時候，燕昭王死了。燕國新繼位的惠王還是太子時，

就對樂毅頗有微詞，他即位之後，更是經常在公開場合流露對樂毅的不滿。

齊國駐守即墨的將軍田單聽到這個消息，立即派人到燕國散布謠言，施反間之計。

燕惠王果然中了田單之計，他懷疑樂毅圖謀不軌，於是派騎劫前來代替樂毅，並召樂毅速速回國。

樂毅深知倘若回到燕國，必定自尋死路，於是向西投靠趙國。趙惠文王重樂毅之才，封觀津之地給樂毅，號望諸君。

樂毅一走，田單便用計騙騎劫來攻打齊國，結果田單在即墨城下大破燕軍。燕軍敗走，田單乘勢追擊，收回了所有失地，迎齊襄王入臨淄。

燕惠王大為懊悔，後悔不該誤聽人言，以致前功盡棄。但惠王又害怕樂毅居於趙國，會乘燕國新遭重創時率大軍來攻，於是派人出使趙國。使者帶去了燕惠王的道歉信，信中說：

「先王將國家大事託付給將軍，將軍打敗齊國，為先王報了大仇，這是多麼大的功勞啊！然而，先王離君臣而去，寡人初繼王位，左右之人又沒有好好地幫助我，以致我誤聽謠言，用騎劫代替將軍。現在將軍久居於外，寡人於心不忍，還望將軍不計前嫌，快點回到燕國。若你真的回來了，便是燕國莫大的福氣。」

樂毅也立刻回信給燕王，信中說：「我擔心人們不明白先王重用微臣的理由，也擔心大家不明白我報效先王的心理，所以才致信大王。我聽說賢明的君主不會偏私，功勞大的人會得到獎賞，有才能的人會得以重用。先王乃賢明之君，所以我才

得以在燕國施展自己的抱負。先王委我於重任，裂地而封，微臣雖肝腦塗地，無以為報。我還聽聞這樣的話：善做者不必善成，善始者未必善終。當年伍子胥效力於闔閭，使吳軍遠征而攻克楚國都城郢；夫差當道，子胥不悔。所謂君子之交，即使斷絕往來，也不會彼此中傷；忠臣事君，即使離開了這個國家，其忠誠之心也不會改變。我雖然算不上什麼君子和忠臣，但卻一直在努力用這種標準來激勵自己。微臣深恐使者不能盡表我的心跡，所以才敢獻書大王，唯一希望的，就是希望大王不要厭棄於微臣。」就這樣，樂毅和燕王冰釋前嫌，樂毅往返於燕趙之間，兩國的同盟關係越加堅固。後來，燕惠王封樂毅的兒子樂間為昌國君。樂毅最終死在趙國。

火牛奇襲終復國：田單

田單出身齊國王族中的一支旁系。湣王在位的時候，田單只是臨淄城裡的一個小官，並未被賞識和重用。

後來，燕昭王任樂毅為上將軍，聯合諸侯各國對齊國大舉進攻，接連攻占了齊國的大部分地區。

田單率族人逃至安平，他命大家將車軸斬斷，做成大鐵籠。不久，燕軍就追到安平，城門被攻破，人們爭相逃命。道路上擠滿了出逃的人群，車輛互相阻塞，難以前進，結果被燕軍追上，將他們全部俘掠到燕國。而田單族人卻因事先備有鐵籠，不必與他人爭道，所以得以倖免。田單族人最後逃到了即墨，而此時，齊國僅有莒和即墨尚未被樂毅攻下。

樂毅猛攻齊湣王避難的莒城，齊湣王過去剛愎自用，現在

卻要做縮頭烏龜，大將淖齒於是誅殺湣王，率全體軍民堅守莒城。樂毅攻打數年時間，均未能奏效。

與此同時，即墨也遭受燕軍的大舉進攻，守城的大將出城迎敵，不幸殉難疆場。全城上下以為田單族人之所以在安平逃難中平安脫險，全賴於田單預先的智謀，一致認為田單是個堪當重任的人，於是共推田單為主帥，據守即墨和莒城，力保齊國不致於完全覆滅。

幾年之後，燕昭王離世，惠王繼位。田單知道燕惠王和樂毅之間存有仇隙，於是派人到燕國散布謠言說樂毅之所以花這麼長的時間，都沒有攻克莒和即墨二城，是想借燕昭王新喪之機，以伐齊為名，在齊國稱王。沒有攻下兩城，是樂毅想與守兵達成妥協，收服人心。現在，齊國人最害怕的，就是燕國用其他人代替樂毅。如果真是那樣，齊國很快就不復存在了。

燕惠王對樂毅原本就存有成見，聽到這樣的謠言，自然他就信以為真。於是，惠王派騎劫為將來代替樂毅。

樂毅雖是曠世名將，但也無可奈何。他唯恐回到燕國獲罪，便逃到趙國。樂毅一走，燕國軍心渙散。

田單見目標達成，又叫城裡人每次在吃飯之前，都要把飯食撒在庭院之中，以祭祀自己的先人。不久，即墨城的上空時時有飛鳥群集，翔舞不去。人們感到非常奇怪。

田單向城外宣稱：「這是神仙下凡要教我抵禦燕軍之法。」燕軍半信半疑。

田單又對城裡守軍說：「馬上就會有神人來做我的老師。」

　　過了幾天，田單在普通士卒中挑選出一人，恭敬地尊其為師，假言此人有神靈附身。

　　田單向城外放話：「我們最害怕的，是燕國人將齊軍俘虜的鼻子割下來，然後將這些鼻子掛在胸前來攻城。如果到了那個時候，即墨很快就會守不住了。」

　　燕國軍隊聽到這樣的話，不禁欣喜異常，便照著做。城裡士卒見到這樣的血腥場面，再沒有一人抱有投降燕國的想法，都誓死堅守。

　　田單又放言出去，說：「我們最怕燕軍去挖城外齊國先人的墳墓。見到先人受辱，大家的鬥志就提不起來了。」

　　燕國軍隊又依言去做。看見自己先人的墳墓被燕人所掘，又見燕人焚燒先人屍骨的濃煙騰空而起，即墨城內的軍民全部痛哭流涕，繼而又怒目圓睜，急欲出城與燕人死戰。

　　田單見時機日漸成熟，便動員全城婦女，將其編入行伍之間，幫助炊飲等力所能及的事。

　　田單叫城裡的所有守卒都潛伏起來，老弱婦女卻登上城頭，請求歸降燕軍，隨後正式派出使者到燕國軍營中商議歸降事宜。燕軍上下得此訊息，都興奮異常，大有得意忘形之勢。

　　田單又將從民間募集到的財物，以城內富商的名義送給燕國的將軍，要求說：「即墨城馬上就要投降了，請您入城之後，不要擄掠我的妻妾兒女。」燕將大喜，欣然應允。至此，燕軍便懈怠了下來。

　　田單將城內所有的一千多頭牛都彙集起來，給它們穿上大紅的絲綢，上面繪以五色龍紋，在牛角上綁上鋒利的兵刃，尾

巴則捆上灌有油脂湯水的包袱。入夜之後，田單將牛群備於城門，五千壯士伏於牛群之後。牛群的尾巴被點燃，受熱的牛群驚慌無比，城門一開，它們便像瘋了一般的直衝入燕軍營中。

等著收降即墨的燕軍被這突然的變故嚇得魂飛魄散，而牛群對這些好像都視而不見，它們只顧瘋狂地衝入人群，攻擊燕軍。

五千齊軍也奮力衝殺，燕軍很快便潰不成軍，田單率軍隊追擊，收復了所有失地，將燕軍全部逐出了齊國的土地。戰勝燕軍之後，田單從莒城迎齊襄王入臨淄重理國政。田單因功勳卓著，被封為安平君。

負荊請罪的猛將：廉頗

廉頗是趙國著名的武將，以勇武善戰聞名於各國。他為趙國攻城掠地，立下無數汗馬功勞，曾官拜相國。趙國在戰國末期雖漸漸走向衰敗，但靠著廉頗與藺相如，尚還能支撐著不被併吞。

當時，趙惠文王得到一塊非常珍貴的玉，名叫和氏璧。秦昭王聽說這件事情之後，便派人送信給趙王，表明願意用十五座城池交換這塊玉。

趙王和眾大臣商議，都認為如果給了秦王這塊玉，他不一定會割讓城池給趙國。但如果不答應把玉獻給秦王，又怕秦國派兵來攻打。商議結果，大家還是覺得應該派個人帶著這塊玉出使秦國，到時再見機行事。但就是找不到出使秦國的合適人選。

最後，宦官令繆賢說：「我家中有位名叫藺相如的賓客可以出使秦國。」

大家都認為此次出使，責任重大，就問：「你怎麼知道這個人能勝任這次重任呢？」

令繆賢說：「我曾經獲罪，想逃到燕國去，藺相如勸住了我。他說：『你怎麼知道燕王會收容你？』我說：『我曾經和大王一起去與燕王相會，燕王私下握住我的手，說過願意和我結交。』藺相如對我說：『趙國強大而燕國弱小，你又得趙王寵幸，燕王才說那樣的話。現在你逃往燕國，燕王畏懼趙國，一定會將你送回趙國。你不如赤著胳膊，背上斧頭去向趙王誠懇請罪，說不定大王還會原諒你。』我聽從了他的計策，大王果然放過我。我認為藺相如這個人有勇有謀，是出使秦國的理想人選。」

趙王立即召見藺相如。

趙王問：「秦王想以十五座城池交換這塊玉，你認為該不該和他交換？」

藺相如說：「秦國強大而趙國弱小，不能不答應。」

趙王說：「但他拿了我的玉，卻不給我城池，又該怎麼辦呢？」

藺相如說：「秦國提出用城池交換玉，如果我們不答應，是我們理虧；如果趙國給他玉，他卻不給趙國城池，是他理虧。兩相比較，寧可讓他理虧。」

趙王說：「誰能帶璧出使秦國？」

藺相如說：「微臣願意出使，趙國拿到城池，我就把和氏

璧留在秦國；如果拿不到城池，我將完璧歸趙。」

於是趙王派藺相如帶著和氏璧出使秦國。

藺相如到了秦國，秦王在章台接見藺相如。藺相如上前獻上和氏璧，秦王接過之後大喜，傳給身邊的宮女和太監們觀賞。他們見和氏璧的確精美絕倫，不由大聲讚嘆。

藺相如侍立一旁，見秦王根本沒有用城池交換的意思，就上前對秦王說：「璧上有瑕疵，請讓我指給大王看。」

秦王將和氏璧還給藺相如，藺相如一接過和氏璧，就立刻退後一步，倚靠在大柱上，怒髮衝冠地對秦王說：「大王想得到這塊和氏璧，叫人送信給趙王，趙王馬上召集群臣商議，都說：『秦王生性貪婪，又自恃國力強盛，以空口承諾想得到和氏璧，這城池恐怕是得不到的。』所以眾臣並不想將和氏璧送到秦國來。我卻認為，尋常老百姓都不應互相欺詐，更何況是堂堂大國呢？況且為了一塊玉就破壞秦、趙兩國的關係，實在太不值得了。於是，趙王齋戒五天，叫我帶著此璧，不遠千里地送到這兒來。這是什麼原因呢？是因為敬重秦的大國風範罷了。現在我送來和氏璧，大王拿到手後卻讓宮女和太監玩賞，全沒有要給趙國城池的意思，我這才拿回了和氏璧。」

藺相如又說：「大王一定很生氣，但我要說的是，我現在就可以一頭撞在大柱上，讓我的頭顱與和氏璧一道粉碎！」

秦王見藺相如言出必行的神態，深恐和氏璧就此被毀，於是命人取來地圖，指指點點地說要將哪些城池割與趙國交換。

藺相如暗想，秦王一定是在行緩兵之計，便對秦王說：「和氏璧是天下至寶，趙王曾因此而齋戒五日，大王也該齋戒

五日，然後設九賓於庭，到那時，我再將此璧獻與大王。」

　　秦王想，強奪既然不行，於是就答應了藺相如。而藺相如卻認為，秦王終究不會割城池給趙國，於是就派一位隨從人員換了普通百姓的衣服，帶著和氏璧回到趙國去。

　　齋戒五日後，秦王約請許多人，安排了龐大的獻璧儀式。藺相如走到秦王面前，對秦王說：「秦國自繆公以來，經歷二十多位君主，還不曾有過真正守信用的。我非常擔心大王也是不守信用的人，所以已經命人帶著和氏璧回國了，現在此人已到趙國。如果大王先割十五座城池給趙國，然後命一使者到趙國去，秦強而趙弱，趙國無論如何也不會因為一塊玉而得罪大王。我知道這樣做一定令大王很不愉快，現在就請大王隨意處置吧！」

　　秦國的一些大臣憤怒不已，秦王卻說：「即使今天殺了藺相如，也終歸得不到和氏璧，不如就讓他回去吧！」

　　藺相如回到趙國，趙王因其不辱使命，封他為上大夫。

　　第二年，秦王又派人送信給趙王，想在兩河外的澠池與趙王相會。趙王畏懼秦王有詐，不想前往赴會。

　　廉頗和卻認為：「如果大王不去，即是示弱。」

　　趙王於是赴約，由藺相如陪同，廉頗將他們送到邊境上。分手時，廉頗說：「你們此行，如果一切正常，不出三十日就會回來。如果三十日還不回來，國內將立太子為王。以此斷絕秦國的其他想法。」趙惠文王同意他的建議。

　　到了澠池，在酒宴中，秦王突然說：「我聽說趙王喜歡音律，請趙王現在演奏瑟！」趙王鼓瑟之際，秦國御史馬上寫

到：「某年月日，秦王和趙王宴飲，秦王令趙王鼓瑟。」

過了一會兒，藺相如到秦王身邊，對秦王說：「聽說秦王善長擊缶，我這裡有個缶，請大王敲敲，以助酒興。」

秦王聽後很生氣，不答應。藺相如跪在地上再次要求秦王，秦王仍不允。於是，藺相如說：「五步之內，相如將以自己的血血濺大王。」秦王身邊的侍衛欲有所動作，卻被藺相如怒目而叱，全部往後退縮。

秦王懾於情勢，終於擊了一下缶。藺相如馬上招來趙國御史，令其寫上：「某年月日，秦王為趙王擊缶。」

酒宴中，有秦臣說：「請趙國割讓十五座城池給秦國。」藺相如也高聲說：「請秦國割讓咸陽給趙國。」

直到宴會結束，秦國都未曾占得半點便宜。

從澠池回來之後，趙王認為藺相如功勞最大，加封他為上卿，地位超過了老將廉頗。

廉頗對人說：「我身為趙國的武將，不知在戰場上出生入死為趙國立下多少功勞，藺相如出生卑賤卻僅憑口舌之利，爬到我的上面。如果讓我見到藺相如，我一定要好好地羞辱他。」

藺相如聽到這樣的消息之後，便常常有意地躲避廉頗，避免與他碰面。就是在早朝的時候，藺相如也是稱病不出。

有一次，藺相如出門時，遠遠地望見廉頗，馬上驅車繞道。侍候藺相如的僕人見他總是如此，於是說：「我之所以告別家人前來服侍大人，是因為仰慕大人的高義。今天大人與廉頗同殿為臣，廉頗欺人太甚，大人卻一直膽怯畏懼。這樣的事

情，就連一般人都無法忍受，更何況是身居高位的人呢？我現在就告辭大人。」

藺相如勸住這位僕人，說：「你認為廉將軍和秦王相比，誰更可怕？」

僕人說：「廉將軍不如秦王。」

藺相如說：「這就對了。以秦王的威勢，我尚且敢在大庭廣眾之下怒叱他，又怎麼會懼怕廉將軍呢？在我看來，秦國雖強，卻不敢對趙國兵戎相向，是因為趙國有廉將軍和我同在。如果我和廉將軍二虎相鬥，必有一傷。我之所以一再忍讓，完全是為了國家啊！」

藺相如的話傳入廉頗耳中，廉頗羞愧難當，於是親自前往藺相如府上負荊請罪。自此，趙國將相和睦，秦國更不敢有非分之想。

這一年，廉頗率兵攻打齊國，獲勝而歸。兩年後，廉頗再次伐齊，又取得勝利。第三年廉頗領兵攻下魏國防陵、安陽。在此之後的第四年，趙奢在閼與大破秦軍。

趙惠文王死後，孝成王繼位。孝成王七年，秦軍與趙軍戰於長平。此時，趙奢已經去世，藺相如處重病中，廉頗為趙國統兵將領。

戰爭一開始，趙軍便接連吃了幾次敗仗。於是，廉頗固守營寨，不與秦軍正面交戰。秦軍多次至營前挑釁，廉頗都置之不理。

秦軍使人在趙都散布離間之言，說：「秦國唯一怕的，就是趙國用趙奢的兒子趙括為將軍。」

　　趙王欲以趙括為將軍，取代廉頗，藺相如勸諫說：「趙括只知道死讀兵法，卻沒有實戰經驗，也不知具體應用，更不能靈活變通。」趙王不聽，還是讓秦國之計得逞。

　　趙奢生前就對趙括頗有微詞，並對妻子說：「趙王不用趙括倒也罷了，若用趙括，必遭大難。」趙括的母親聽說兒子就要領兵打仗，便依照趙奢生前的囑託，入宮進諫趙王，說自己的兒子不能率兵打仗。

　　趙王不聽，趙括母親便說：「大王既然不聽，他如果戰敗，請饒我母子一命。」

　　趙王便答應了她。趙括出征，果真大敗，令四十萬趙軍為秦將白起坑殺。長平之戰使趙國的實力遭受了極大的損害，燕國趁機大舉攻趙。趙王重新起用廉頗為將，兩軍交戰，趙軍大獲全勝，殺死對方主帥。廉頗趁勢追擊，圍困燕國。燕國最終只得割讓五座城池求和。戰罷，趙王以尉文封廉頗，號為信平君。

　　趙孝成王死後，悼襄王繼位，他用樂毅的孫子樂乘取代廉頗。廉頗大怒，率軍攻擊樂乘。在這之後，廉頗害怕獲罪，逃到了魏國。後來，趙國與秦國交兵多次，都沒有取勝。趙王於是想重新起用廉頗。趙王派使者到魏都大梁去察看廉頗現在的處境。臨行前，有個名叫郭開的人，因為與廉頗有仇，就用重金賄賂使者。

　　廉頗久留大梁，一直得不到重用，也有回到趙國的想法，現在見趙王使者前來，已知其意。廉頗一頓飯吃了一斗米，外加十斤肉。飯後，廉頗又披甲上馬，縱橫馳騁，以示自己並未

老邁，尚能征戰沙場。

　　但使者已經接受了郭開的重金，回來就對趙王說：「廉將軍雖然老了，但飯量還很好。只是與我同坐沒多久，就上了三次廁所。」

　　趙王聽了這樣的報告，頗為失望，認為廉將軍終究還是老了，於是打消將他召回重用的念頭。

　　廉頗年事已高，羈旅於魏國，鬱鬱不得志，最終死於魏國。

第 三 章
巧舌如簧的縱橫家

在百家爭鳴的戰國時代中，「縱橫家」是所謂「九流十家」的其中之一。他們是當時最能洞悉時局的謀士，並知曉如何策動或斡旋各方的優秀辯士。縱橫家往往沒有固定效忠的對象，而是憑著能言善道及靈活的手腕，在各種外交場合中高談闊論，一方面操弄錯縱複雜的國際情勢，一方面從中謀取自身的利益。在詭譎多變的戰國時代，處處都能見到這些翻手為雲，覆手為雨的縱橫家身影。

連橫之術破合縱：張儀

張儀是魏國人，曾與蘇秦等人一道拜鬼谷子為師。學成之後，張儀遊說於諸侯，被楚國丞相收為門客。

有一次，丞相府丟了一塊玉石，大家都懷疑是張儀偷的，於是紛紛說：「張儀家中窮困，又貪小便宜，不是他偷的，又會是誰呢？」大家抓住張儀痛打，但張儀死活不承認，眾人無奈，只得放了張儀。

回到家裡，妻子見丈夫被打得慘不忍睹，非常傷心。張儀卻若無其事地問妻子：「你看我的舌頭還在嗎？」妻子不解其意，說：「還在。」張儀說：「只要在，就足夠了。」

此時，蘇秦已在趙國合縱成功，暗裡命人前來勸說張儀前去相投。張儀於是前往趙國，投奔蘇秦。

　　蘇秦知張儀前來，卻故意命下人不予通報，張儀要離開，蘇秦又使人強留。這樣過了幾天，蘇秦才接見張儀，卻又讓他坐於堂下，吃下人才吃的粗陋飯食。

　　張儀投奔同窗蘇秦，原本是想讓蘇秦提攜，不料卻自取其辱。憤憤不平的張儀認為，此時六國合縱，都與蘇秦交好，若想出這口惡氣，只有投奔秦國。於是便逃去秦國。

　　張儀離開之後，蘇秦對身邊之人說：「張儀這個人，是天下難得一見的有才之士，甚至連我本人也常自愧不如。能獨操秦國權柄的，也只有張儀了。但他窮困潦倒，到秦國恐怕沒有晉升的機會。我生怕他安於小利而忘了大志，所以才故意羞辱於他，想藉此激發他的鬥志。你現在就跟隨在他身後，替我在暗地裡照顧他。」

　　蘇秦命此人帶上許多金銀財帛去幫助張儀，卻不把真相告訴他。

　　因為有蘇秦在暗中相助，張儀很順利地拜見秦惠王，並得到重用。

　　見大功告成，蘇秦所派之人起身向張儀告辭。張儀大惑不解，對那人說：「因為有你的幫助，我才有今天的成就。現在，我正想要報答你，你怎麼卻要告辭了呢？」

　　此人答道：「真正幫助你的人，並非是我，而是蘇秦。蘇秦知道你很有本事，能擔當秦國之大任，他深恐秦國攻打趙國，而破壞了自己的大事，現在秦國大權已落入你手，我也可以放心地回去覆命了。」

　　張儀對此感慨不已，說：「蘇秦之才，實在我之上，他的

用心良苦，令我感動。請你回去轉告蘇秦，有我在秦國一天，絕不攻打趙國。」

接著，身為秦相的張儀致信楚國丞相，信中說：「當初我曾投身於你門下，你卻誣諂我偷了一塊玉石而痛打我。你好好地守住自己的國家吧，我不久將來奪取你們的城池。」

不久，苴、蜀兩個小國開戰，苴求援於秦。惠王正準備出兵伐蜀，卻接到報告說韓國來攻。

在先伐韓還是先伐蜀的問題上，秦國一時拿不定主意，最後還是依了司馬錯之見，先行伐蜀。

十月，秦滅蜀，貶蜀王，令陳莊為蜀相。秦國勢力因此更加強盛，諸侯國無不畏懼三分。

四年之後，張儀領兵圍攻蒲陽，魏國守將降秦。就在此時，張儀卻提出與魏國修好的建議，被惠王採納，並送公子繇入魏作人質。緊接著，張儀派人對魏王說：「秦王待貴國不薄，魏國也應投桃報李才是。」魏國因此割讓上郡、少梁兩地給秦國。

過了三年，齊國與魏國會戰於觀津，魏國戰敗。同年，秦國攻打韓國，申差統領的八萬大軍，全部被秦軍所殺，天下諸侯甚為驚恐。張儀乘機入魏，對魏哀王說：「魏國的土地不過千里，士卒不過三十萬，沒有險要的地勢可以依靠。如果秦國發兵河外，魏國將無從抵擋。大王不如依附秦國，那麼楚、韓必不敢輕舉妄動，無楚、韓之患，大王自可高枕無憂。」

魏哀王被其說動，於是違背六國之盟約而依附於秦。

這樣的局面維持三年，魏國突然又背離秦國。秦舉兵征伐

魏國，奪取魏國的曲沃。魏國見打不過秦國，又於次年歸附於秦。

當時天下諸侯中，除秦之外，齊、楚兩國的實力最強。秦國準備攻打齊國，卻又害怕齊、楚交好，若兩國聯合抵禦，秦國勢必不會輕易得手。於是，張儀請求出使楚國。

張儀對楚懷王說：「大王若能與齊國絕交而與秦國修好，秦願將商於的六百里土地送給大王，同時，秦、楚兩國結為姻親，修永世之好。不知大王意下如何？」

楚懷王知秦強而齊弱，且秦國丞相主動來訪，還許以如此豐厚的條件。懷王正準備答應張儀的條件，不料卻有陳軫站出來規勸楚王不可答應。

楚懷王大為不解地問陳軫：「寡人不費一兵一卒，而得六百里之地，群臣都來祝賀，為何獨有你一人反對呢？」

陳軫說：「今天，秦國之所以如此看重楚國，是因為有齊國與我們交好的原因，如果與齊國絕交，楚國就陷入孤立無援的境地。到了那個時候，秦國一定會違背誓約。屆時，如果秦國和齊國同時發兵來攻打楚國，楚國的形勢就非常危險了。」

楚懷王不聽陳軫之言，一意孤行，以相印授張儀，並派了一位將軍與張儀一道前往秦國。

張儀行至離秦都不遠時，佯裝不慎從車上跌落，回去後便稱病不起，三個月不上朝。楚國將軍獨居咸陽，商於六百里地一直沒有著落，心裡很不是滋味兒，便報告楚懷王。

楚懷王見張儀故意推拖，竟天真地認為是因為自己與齊國絕交的態度不夠鮮明，於是就大罵齊王，故意讓齊王知曉。

齊王大怒，於是與秦結交，訂立盟約。齊、秦盟約一訂，張儀的病也全好了。這日上朝，召來楚國的將軍，對他說：「秦王曾賜給我六里村邑，現願獻與楚王。」

楚國使者莫名其妙，說：「我奉楚王之命，來取商於六百里的土地。怎麼會變成了六里呢？」

楚懷王聽聞此事之後，惱羞成怒，立刻就要發兵攻打秦國。陳軫又進諫說：「與其發兵攻打秦國，不如割地討好秦國，然後與秦國一道聯合出兵攻打齊國。這樣，割給秦國的土地，就能從齊國補償回來。不僅對國家沒有損失，還能保全國家。」

懷王不聽，命屈匄為將軍率兵攻打秦國。秦國與齊國聯合出兵，交戰的結果，楚軍損傷八萬，屈匄陣亡，丹陽、漢中之地被侵吞。

懷王至此仍不能醒悟，第二年再度出兵，兩軍戰於藍田，楚軍大敗，又割兩城。

又過了些日子，秦國想得到黔中之地，兩軍派出使者向楚懷王說，秦國願以武關以外的土地交換黔中，懷王卻想要張儀。

張儀請命前往楚國，秦惠王說：「楚王惱怒你以商於之地騙他，此去不是自投羅網嗎？」

張儀說：「秦強楚弱，懷王不能不有所顧忌，況且我與楚臣靳尚頗有交情，他是懷王愛妃鄭袖身邊的紅人，只要我小心應付，一定能全身而退。」

懷王果然有殺張儀之心，但正如張儀所言，關鍵時候，靳

尚策動鄭袖勸諫楚王，懷王不僅沒有殺害張儀，還給他許多賞賜，並送其回歸秦國。

此時蘇秦已死，六國合縱全面瓦解。張儀在歸國途中，轉道去了韓國。經過他一番勸說，終於說動韓王，同意與秦國交好。

張儀這一次冒死出使，卻立下如此大的功勞，秦惠王非常高興，又封給張儀五邑之地，號曰武信君。

接著，張儀又分別出使齊國、趙國、燕國，上述三國皆懾於秦國強大的武力後盾，以及張儀犀利的外交攻勢，答應割地並與秦國結為盟友關係，實際上這三個國家已經是處在看秦國臉色行事的從屬地位了。

就在張儀出使燕國，大功告成的返途中，突然收到惠王駕崩的消息。

惠王死後，武王繼位。武王尚是太子之時，就對張儀頗多微詞，現在，朝中一些平日嫉妒張儀的大臣，更是在武王面前大肆陳說張儀的不是。武王對張儀的態度，日益惡劣。

張儀唯恐久留朝中會被小人所害，為求脫身便向武王獻上一計。

張儀對武王說：「聽說齊王非常憎恨微臣，只要我離開秦國，無論到了哪裡，齊王都會興兵攻打哪裡。現在，微臣如果去梁國，當齊王興兵伐梁時，大王即可出兵函谷關，兵臨周王室而不動兵攻打，即可挾天子而令諸侯，王圖霸業即可成就。」

武王深以為然，備軍三十乘，令張儀入梁。張儀入梁之

後，又使人遊說齊王，說秦武王欲借齊國出兵伐梁而國內空虛之際，舉兵吞併齊國。齊王按兵不動，張儀得以善終。

遠交近攻助昭王：范雎

范雎，字叔，魏國人。他年輕的時候，雖以能言善道聞名遐邇，卻因家境窮困，只好投奔於魏國的中大夫須賈。魏王派須賈出使齊國，范雎陪同前往。

滯留齊國期間，齊襄王聽說范雎是一個頗有才華的年輕人，就叫人送給他一些美酒、牛肉和十斤黃金。范雎拒絕了齊王的饋贈。須賈聽說了這件事情，心中很不舒服。回到魏國，須賈添油加醋地將此事告訴魏國丞相魏齊。認為一定是范雎將魏國的情報告訴了齊襄王，齊襄王才會如此厚待范雎。

魏齊聽了須賈的片面之辭，便命人將范雎捉來，狠狠地毒打他一頓。范雎被打得牙齒都掉了，肋骨也斷了。

范雎裝死來躲避折磨，結果卻被裹入竹席之中，放在廁所邊上。晚上，有人喝醉酒上廁所，沖了范雎一身的尿臭。

夜深人靜之後，范雎在竹席中對看守他的人說：「如果你能救我出去，我一定重謝恩公。」

看守者於是前去請示魏齊，說是把竹席中的屍體給扔掉。范雎雖然得救了，但卻因為看守者的不小心，而使事情敗露。魏齊大為惱火，差人緝拿范雎。

有個名叫鄭安平的人，非常敬重范雎，於是他幫助范雎逃離魏國。

當時，秦昭王派王稽出使魏國，鄭安平設法接近王稽。王

稽問鄭安平：「魏國有沒有賢能之士想與我一道去秦國？」鄭安平說：「我有一位名叫張祿的同鄉，他想拜見你，但因為有仇家，所以白天他不敢露面。」王稽叫鄭安平晚上帶著張祿來見自己。等到相見時，鄭安平直說張祿實際上就是范雎，王稽對范雎的名聲早有所聞，非常高興，於是讓范雎和自己同乘一輛車，范雎這才順利地離開魏國，進入秦國。

在一個湖邊，范雎看見一隊人馬迎面過來。范雎問王稽：「前面來的是什麼人。」

王稽說：「是秦國丞相穰侯。」

范雎說：「我聽說穰侯心高氣傲，我想藏在車中，免得受其侮辱。」

不一會兒，穰侯來到面前，王稽下車相見。

穰侯問王稽：「關東有什麼大事發生嗎？」

王稽回答說：「沒有。」

穰侯又問：「你此次出使魏國，可有遊說之人隨你而來？這些人都是無用之人，來到秦國只會帶來麻煩。」

王稽說：「沒有。」

穰侯走後，范雎又對王稽說：「穰侯頗有智計，他一定懷疑車中另有其人，只是一時忘記察看而已。」於是下車單獨行走。

果不其然，沒過多久，穰侯就派人追上王稽，派來的人藉故察看車中，見車中沒有其他人，這才罷休。多虧了范雎機靈謹慎，才得以和王稽一道進入秦都咸陽。

王稽面見秦王，對秦王說，魏國有個叫張祿的人，他是

個了不起的辯士，他對我說，秦國目前的形勢，危如累卵，他有辦法幫助大王，但卻只能當面陳述。所以我將他帶到了秦國。」

秦昭王此時已在位三十多年，朝中大權一直由宣太后，及其國戚穰侯、涇陽君、高陵君等人把持。他們排斥別國辯士，因而昭王對王稽之言，也缺乏興趣。范雎在秦國未被重用，心裡不是滋味。一年過後，昭王命穰侯為將，準備出兵攻打韓、魏、齊等國。百無聊賴的范雎聽到這個消息，認為是自己拼力一博的大好時機，於是冒險上書秦昭王。他說：「自古有道明君無不賞罰分明，任人唯賢。我聽說一個有作為的王者，不能有任何偏私和成見，凡是有利於國家利益的，都應當遵行；凡是對國家利益有損的，都應禁止。我希望能有與大王見面的機會，如果大王在見我之後，認為我所說的，對秦國有害無利，那就請大王任意處置我。」

秦王於是決定在離宮接見范雎。范雎到了那裡，卻佯裝不知，到處亂走。宦官對其無禮行為大為惱怒，就大聲喝斥道：「大王駕到！」

范雎故作驚訝地說：「秦國哪裡來的大王啊？我只聽說秦國有宣太后和穰侯！」

秦王恰好聽見范雎的話，急忙上前對范雎說：「我非常想知道先生為何有此觀點，先生能不吝賜教嗎？」

范雎說：「當初呂尚在渭水之濱垂釣，文王與他交談而最終得到天下。我不過是個羈旅之人，和大王沒有什麼交情，要說的都是有關國家興盛強大的事情。我知道今天見過大王之後

明天也許就被大王殺了，但我並不害怕。只要大王認為我言之有理，即使是粉身碎骨，我也心滿意足了。我唯一擔心的，是我身死之後，天下之士因此再不敢向大王進忠諫之言。如果因為我的死，能夠令秦國繁榮強盛，我也就再無所求了。」

秦王趕緊說：「秦國地理位置偏僻，我又愚笨遲鈍，以致委屈先生。現在，請先生知無不言，無論大小之事，上至太后，下至大臣，悉數賜教於我。」

范雎見在場的宦官頗多，懷疑其中必有太后和穰侯的心腹，於是對國內之事避而不談，專講外交策略。他想藉此觀察秦王對自己的態度。

一席言罷，秦王大以為然，於是拜范雎為客卿，主理國家外交事務。范雎建議由五大夫盧綰為將軍，率兵攻打魏國。兩年之內，秦國連克魏國幾座城池。

范雎在秦國的時間一長，秦王對他日漸寵信，幾乎到了言聽計從的地步。於是，范雎抓住機會對秦王說：「我在魏國的時候，只聽說齊國有孟嘗君，而沒聽說有齊王；我又聽說秦國有宣太后、穰侯、華陽君、高陵君、涇陽君，卻沒聽說過大王您。如今，他們更加專權跋扈，完全沒有將大王放在眼裡。聽說善於治國的國君，應對內鞏固自己的威望，對外強調自己的權勢。穰侯常假借大王的名義，在外為所欲為，所竊取的利益全歸於自己，而戰敗之後卻讓百姓怨恨大王。穰侯一黨，進退同步，欺下瞞上，不聽政事。我很擔心再這樣下去，秦國的百年基業，就要毀在這幫人和大王您的手上。」秦王聽得膽戰心驚。

不出多久，秦王便廢掉宣太后，穰侯、高陵君、華陽君、涇陽君等人，也分別被解除重權，發配回到自己的封邑。

昭王四十一年，范雎升任為秦國丞相，號應侯。范雎當了秦國的丞相，也一直使用張祿的名字。魏國不知張祿即是當年的范雎，只知丞相張祿頗得秦王重用。聽說秦國要出兵攻打魏、韓兩國，魏王就派須賈出使秦國。范雎聽說之後，便穿著普通人的服裝，到驛館去見須賈。須賈等人皆以為范雎早就死了，陡然見到范雎，不由大驚失色。過了好大一會兒，須賈才說：「你還好嗎？」

「還好。」范雎說。

「你來秦國遊說秦王？」

范雎說：「我得罪了魏國丞相，到秦國來逃命，怎麼還敢有非分之想？」

須賈說：「你今天找我有什麼事嗎？」

范雎說：「我因窮困潦倒，依靠別人而過活。」

須賈不由起了同情之心，留范雎一道飲酒吃飯，並送了一件錦袍給范雎。

須賈問范雎：「秦國張丞相，你知道嗎？我聽說此人很得秦王信任，舉國大事都交由他一人處理。我這次有要事拜見張丞相，你認識張丞相身邊的人嗎？」

范雎說：「我家主人就認識張丞相，我也有幸拜見過他。我可以幫助你去見他。」

須賈說：「我的馬生了病，車軸也斷了。如果沒有四匹馬拉的大車怎麼去啊？」

范雎說：「我願意向主人借。」

范雎回去後，真的趕著馬車來了。兩人進了相府，下人們紛紛躲避，須賈感到很奇怪。到了丞相居住的大門外，范雎對須賈說：「你在此稍等片刻，我先進去為你通報。」須賈在門外等了很久，都不見范雎出來，就問守門之人：「范雎怎麼還不出來？」

守門者說：「這裡沒有范雎這個人。」

須賈說：「剛才與我同來之人就是。」

守門者說：「他是秦國丞相張祿。」

須賈到此時方才明白，自知罪孽深重，於是脫掉衣裳，跪在地上，不斷地請罪。范雎終於接見了須賈，接見的場面十分宏大。

須賈再一次磕頭陪罪，說：「我罪大惡極，任憑丞相處置。」

范雎問：「你有哪些罪過呢？」

須賈說：「就算把我的頭髮拔下來一根一根地數，也比不過我的罪孽。」

范雎說：「你的罪過有三條，無端懷疑我是其一，魏齊命人毆打我，你卻不制止是其二，將我放在廁所裡，讓人撒尿在我身上，是其三。但你這些罪，都不至於死，而且你對我尚有贈袍之恩，我也不再與你計較，你這就回到魏國去吧。」

范雎於是稟明秦王，放過須賈。須賈離開時，范雎對他說：「你回去告訴魏王，快將魏齊的人頭送到秦國來，否則，我一定會血洗大梁。」

　　須賈回到魏國，將此行的經過告訴魏齊。魏齊驚恐不已，逃到趙國，託庇於平原君。

　　范雎做了秦國丞相之後，廣散財物，報答那些在他受到危難時支援和幫助過自己的人，而對曾得罪過自己的人則有仇必報。後來，王稽被封為河東太守，鄭安平則做了秦國將軍。

　　秦王聽說魏齊在平原君府上，為了給范雎報仇，秦王藉故將平原君約請到秦國。酒宴中，秦王對平原君說：「我和范丞相之間，就如同齊桓公之於管仲，周武王之於姜太公，我一直把丞相當作是我的叔父。現在，他的仇人在你府上，希望你能叫人將魏齊的人頭送來。否則，我就不讓你出關回趙國。」

　　平原君不懼，說：「魏齊把我當成是可信賴的朋友，我是不可能出賣他的。」

　　秦王無奈，又寫信給趙王，說：「如果不將魏齊的人頭送到秦國來，秦國就不讓平原君回國，而且會很快派兵攻打趙國。」

　　趙孝成王感到十分畏懼，就命人將平原君的家包圍起來。魏齊見勢不妙，急切出逃，去見趙國丞相虞卿，希望對方能保護自己。

　　虞卿去向趙王求情，趙王不允。於是，虞卿辭去相印，與魏齊一道逃亡。

　　虞卿和魏齊聽說信陵君有仗義之名，就前去投奔信陵君。信陵君先是懼怕秦國，不敢相見。但侯嬴卻說：「虞卿為趙國丞相，魏齊來見他時，已經身陷四面楚歌的絕境中，虞卿能夠棄高官厚祿而幫助他，實在是個仁義之士。」

信陵君非常慚愧，便親自去迎接虞卿和魏齊。可惜魏齊一聽說信陵君不肯見自己時，就自刎而死了。

趙王聽說魏齊已死，趕緊命人取了他的人頭送到秦國，平原君也因此而得以平安返回。范雎的大仇終於得報。

勸退范雎自為相：蔡澤

蔡澤是燕國人，曾四出遊說諸侯，但均未被重用。於是，他跑去找有名的算命先生唐舉，說：「我聽說你曾給李兌看相，說他在一百天之內就能掌握一個國家的大權，這是真的嗎？」

唐舉說：「的確是這樣。」

蔡澤說：「你看看我的面相，將來會怎麼樣呢？」

唐舉觀察了一會兒，笑著說：「先生相貌堂堂，我看聖人也有所不及。」

蔡澤卻說：「我知道自己終有一日會享榮華富貴，這就不用說了。我想知道的是我的壽命，你說給我聽聽吧。」

唐舉說：「從現在算起，先生還可以活四十三年。」

蔡澤離開唐舉後，笑著說：「我若能被諸侯所重用，懷裡揣著黃金鑄成的大印，腰裡繫著光彩奪目的綬帶，安享榮華富貴，有四十三年的時間，也就足夠了。」

蔡澤先到趙國，沒人理睬他。在他準備去韓、魏兩國途中，又被匪人所劫。此後，他聽說范雎重用的王稽和鄭安平都已獲罪，應侯內心慚愧，於是蔡澤前往秦國。

在前去拜謁秦王之前，蔡澤故意找了一個人去激怒范雎。

此人對范雎說：「蔡澤是天下少有的智辯之士。只要他與秦王相見，秦王一定會重用蔡澤而疏遠丞相。」

范雎聽過之後，說：「五帝三代的事跡，諸子百家的學說，我都稔熟於胸，而雄辯之術，我也是少有人比，蔡澤究竟是什麼人，能夠取代我的位置呢？」

范雎命人將蔡澤找來。蔡澤見到范雎，態度很恭敬。范雎卻對他有成見，沒有給蔡澤好臉色。

繃緊了臉的范雎終於忍不住問道：「你曾宣稱將取代我而成為秦國丞相，這是真的嗎？」

蔡澤不卑不亢地說：「我確實說過。」

范雎說：「你能說得更明白一些嗎？」

蔡澤說：「對一個人來說，身體健康，行動便利，思慮周詳，難道不是人類共同的願望嗎？」

范雎對蔡澤所說的話摸不清底細，只得說：「這是當然。」

蔡澤又說：「質仁秉義，行道施德，得志於天下，讓天下尊敬，令君王信任，難道不是每一個辯士所希望的嗎？」

范雎說：「的確如此。」

蔡澤說：「榮華富貴，得享天年，世人稱譽，永垂不朽，是否是人們竭力追求的呢？」

范雎說：「是的。」

蔡澤問：「秦國的商鞅，楚國的吳起，越國的文種，都達成自己的願望了嗎？」

范雎此時已明白蔡澤的意圖，但卻佯裝不知，說：「怎麼

能說沒有呢？他們三人都為自己的國家作出傑出的貢獻，雖最終不免身死，但義之所在，理當視死如歸。」

蔡澤接著說：「主君聖明，臣子賢能，是全天下的福氣；父慈子孝，夫信妻貞，是全家人的福氣。比干忠誠卻不能挽救殷商，伍子胥賢能卻不能保全吳國，這是什麼道理呢？乃是君主不明。商君、吳起、文種三人的悲劇，也有類似的原因。每一個人，都希望自己的一生是盡善盡美的。既有好名聲又能保全性命，那是最好不過的；有好名聲卻遭遇橫禍的，算其次；名聲很壞卻好好活著的，最不足取。」

范雎被蔡澤說得怦然心動，但臉上仍裝出頗為矜持的表情。隔一會兒，蔡澤又問：「現在的秦王對待臣子，和秦孝公、楚悼王、越王句踐比較起來，誰更好呢？」

范雎說：「不知道。」

蔡澤問：「丞相執政多年，為秦國建功無數，與商鞅、吳起、文種比較起來，誰的功勞更大呢？」

范雎答：「我不如他們。」

蔡澤說：「現在，秦王親忠臣而不忘舊故，不像孝公、悼王、句踐那樣忘恩負義，但你的功勞不如商鞅、吳起、文種所享有的富貴和權勢，卻遠遠超過了這三個人。如果再不思引退，最終結果，也許比這三個人更悲慘。所謂日中則移，月滿則虧，世間萬物，都有一個盛極而衰的規律性。商鞅、吳起、文種三人，功成而不去，終於遭了大禍。目前，你坐制諸侯，利施三川，使天下諸侯對秦國都十分敬畏。成功之下，不可久處，其他人的教訓，難道不夠慘痛嗎？」

范雎不由問道：「我該如何呢？」

蔡澤答：「為今之計，不如就此歸還相印，讓位於其他有才能的人，自己則退居應地，安享晚年。至於如何決定，還是你自己斟酌吧。」

范雎說：「我也聽說過，『欲而不知足，失其所以欲；有而不知止，失其所以有。』你說得很有道理，我謹遵教誨。」

於是，范雎重新請蔡澤入座，待若上賓。幾天之後，范雎上朝，對秦王說：「我新近結識了一個名叫蔡澤的辯士，在我一生所認識的人中，他是最有才華的一個，願大王不吝一見。」

秦昭王召見了蔡澤，與之談論國家大事，果然不同凡響。秦王心中很高興，於是拜蔡澤為上卿。

又過了一段時間，范雎稱年事已高，身體欠佳，要求辭去丞相之位。昭王百般挽留，但范雎去意已決。昭王於是准允了范雎的要求，將丞相之位委與蔡澤。

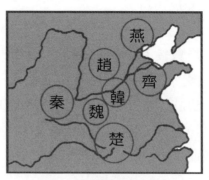

圖2　戰國七雄分布圖

附錄一

《羋月傳》人物側寫

芈月 （孫儷飾）

生年不詳～前265年

身　分：太后
出生國：楚國

武力：★★★☆☆
智力：★★★★★
魅力：★★★★★
統率：★★★★☆
評價：★★★★★

　　自《甄嬛傳》播出而爆紅後，「娘娘」這個稱呼就一直跟著孫儷。此次她挑戰的角色，是傑出的女政治家秦宣太后芈月。由於和《甄嬛傳》一樣，都是以高人氣的網路小說改編，且導演和女主角均是鄭曉龍和孫儷搭檔，《芈月傳》在拍攝之初就廣受關注，兩部戲常常被拿來比較。孫儷表示：「芈月是我拍過的所有劇集中，最過癮和難度最高的角色，一定超越甄嬛。」雖然從「娘娘」升級為「太后」，但孫儷卻稱自己「在現實生活中氣場弱爆了」。她還透漏，演戲時必須不斷告訴自己：「我就是太后，我說什麼就是什麼，你必須聽我的！」在義渠王被殺時，孫儷眼睛瞪大、表情猙獰，她的老公鄧超也在微博上調侃：「小花（兩人的女兒）不怕不怕，爸爸在！」

黃歇（黃軒飾）

生年不詳～前238年

身　分：大臣
出生國：楚國

武力：★★★★★
智力：★★★★★
魅力：★★★★★
統率：★★★★★
評價：★★★★★

　　黃軒飾演羋月的初戀情人春申君黃歇，其清新脫俗的裝扮和優雅迷人的姿態，十足展現翩翩公子的魅力。黃軒被影迷封為「國民初戀」，對此他本人也認可，並表示自己「一旦戀愛，每次都會像初戀一樣」。黃軒笑說，第一場戲是他和孫儷圍在篝火邊談情說愛，本想好好表現一番，濃煙卻不斷冒出，他說「我眼淚止不住流，但也不好擦，因為會破壞畫面，也不能低頭不看孫儷，也不敢閉眼，更不好喊停。孫儷當時還佩服我的哭戲功力，情緒還沒到就已經眼淚汪汪，後來才發現是底下炭火熏的。」除了演技，黃軒對自己的嗓音也很有自信，有網友說，黃歇那句「月兒好看」，簡直讓他耳朵都要懷孕了！

翟驪（高雲翔飾）

生年不詳～前272年

身　分：君主
出生國：義渠

武力：★★★★★
智力：★★★☆☆
魅力：★★★★★
統率：★★★★★
評價：★★★★★

　　高雲翔飾演的義渠王翟驪一出場就讓觀眾驚豔：英俊的外形、豪放的游牧民族裝束以及臉上特有的「高原曬傷」，都讓這個角色十分搶眼。不同於黃歇的溫潤如玉和秦王的沉穩睿智，翟驪瀟灑不羈，不僅稱羋月為「潑辣娘們」，還霸氣告白：「她不是別人，她是我喜歡的女人！」鄭曉龍導演坦承，原本選角時，覺得高雲翔長得太漂亮了，性格也柔和，不看好他能演出策馬奔騰、桀驁不馴的感覺，但高雲翔發著高燒，試完一場戲後便扭轉了鄭導的看法。高雲翔說，導演怕自己太帥，觀眾會只看臉，就讓他把皮膚弄得很黑、不修邊幅，高雲翔還把自己戴大鬍子的試裝照發給家人，笑說：「我老婆、我媽都說不認識了。我在微信朋友圈裡發照片，同學都不認識我了。」他也拼命挖掘自身的粗獷和野性，說是慢慢喚醒了「骨子裡沉睡多年的義渠王那個小種子」。

嬴駟（方中信飾）

前354年～前311年

身　分：君主
出生國：秦國

武力：★★★★★
智力：★★★★★
魅力：★★★☆☆
統率：★★★★★
評價：★★★★☆

　　飾演秦惠文王嬴駟的「帥大叔」方中信是個不折不扣的老戲骨，人稱「不老男神」。戲裡他不僅是鐵血君王，更憑著高超的戀愛手段和寬廣的心胸俘獲了羋月的芳心，是劇組公認的「情聖」。方中信是香港人，普通話不太好，《羋月傳》劇本台詞量大、古文又多，為此方中信在劇本還未完全定稿時，就向導演要了部分劇本，提前兩個月開始準備，還買了答錄機背台詞，每一天都在看劇本。方中信與孫儷是首次合作，他說自己普通話不好，讓孫儷受很多苦；孫儷則表示：「拍到後來都有默契了，我知道他在表達什麼，他也知道我在表達什麼。」拍攝中兩人發生不少趣事，剛進組時方中信滿怕孫儷的，雖然自己年紀較大，還是稱呼她為「儷姐」。第一天開拍就是秦王背羋月的戲，孫儷笑著對方中信說：「辛苦了方老師，第一天就要你幹體力活。」

芈姝（劉濤飾）

生年不詳～前305年

身　分：王后
出生國：楚國

武力：★★★☆☆
智力：★★★☆☆
魅力：★★★★☆
統率：★★☆☆☆
評價：★★★☆☆

　　原本在選角時，鄭曉龍還擔心劉濤無法將芈姝後期魔性一樣的爆發、變態、瘋狂表現出來，她卻用一句話便贏得了角色：「不管是從年齡、人生閱歷、閱讀劇本的能力，爆發對我而言根本就不是事兒。我沒表現過不代表我沒有。」劉濤非常滿意首度挑戰壞女人的角色，尤其芈姝並不是從一開始就是反派形象，而是從溫柔的楚國公主黑化成夕毒的秦國王后，極端的轉變讓劉濤演得十分過癮。這也是劉濤演過哭戲最多的一部，她笑說：「應該叫我『芈日哭』，尤其到後段每集必哭。雖貴為王后，每天都活在被氣哭、被欺負哭、被矇騙哭、被嚇哭的狀態中。」

芉茵（徐梵溪飾）

生卒年不詳

身　分：公主
出生國：楚國

武力：★★★☆☆
智力：★★★★★
魅力：★★★★★
統率：★★☆☆☆
評價：★★★★☆

　　徐梵溪飾演的楚國公主芉茵，是芉月同父異母的姐姐，性格張揚，身世可憐，與芉月爭風吃醋，耍盡心機，是個深情又瘋狂、至情至性，令人印象深刻的人物。徐梵溪將這樣矛盾的人物演繹地淋漓盡致，使觀眾即使對其不擇手段而反感，卻又因她對感情的執著而動容，有網友評論：「芉茵真是讓我看劇看得好糾結，又愛又恨。」徐梵溪說她進組拍攝的第一場戲，因為太過緊張，把夜明珠失手抖落到地上，以為一定要重拍，沒想到導演卻覺得這樣更貼近當時芉茵的心理狀態，整個角色都靈動起來，最後陰錯陽差地成就了一場好戲。

魏琰（馬蘇飾）

生卒年不詳

身　分：王妃
出生國：魏國

武力：★★★☆☆
智力：★★★★★
魅力：★★★☆☆
統率：★★☆☆☆
評價：★★★☆☆

　　馬蘇飾演的魏琰是魏國公主，本是秦惠文王原配王后的妹妹，被封為僅次於王后的夫人。為了讓兒子繼承王位而不擇手段。馬蘇之前演過的角色有的溫婉，有的潑辣，有的搞怪，有的冷豔，但像魏琰這樣令人咬牙切齒、恨之入骨的角色十分少見，她自己都曾調侃：「魏琰是一個會把大家氣出『胃炎』的角色。」為了塑造一個獨特的經典惡女，馬蘇下了一番苦功，尤其是她稱為「上下翻白眼」的絕技：「魏琰永遠不能抬頭，因為一抬頭就容易把所有心裡的想法暴露。所以她永遠要低著頭，總是要在心裡算計，眼睛轉得頻率會比別人快很多。」

莒姬 （蔣欣飾）

生卒年不詳

身　分：王妃
出生國：莒國

武力：★★★☆☆
智力：★★★☆☆
魅力：★★★★★
統率：★★☆☆☆
評價：★★★☆☆

　　蔣欣曾在《甄嬛傳》中飾演華妃與甄嬛鬥法，在《芈月傳》中卻是芈月的養母，備受楚威王寵愛的莒姬。許多觀眾本想再次一睹華妃的風采，孰料娘娘卻性情大變，成了識大體又委屈求全的苦情女子。有些影迷被莒姬為了保護孩子，犧牲生命也再所不惜的母愛所感動，但亦有人高呼：「還我心狠手辣、惡毒妖媚、美得不可方物的華妃娘娘啊！」原本大家都以為華妃終於可以擺脫不孕的宿命，卻發現莒姬因為被人陷害而無法生育，讓許多網友紛紛央求導演：「給她一個孩子吧！」雖然只是客串一個開篇小角色，蔣欣卻說：「沒有小角色，只有小人物。我喜歡莒姬這個人物，編劇細緻的塑造給了我紮實的心理依據，讓我塑造起來更容易把控，我相信莒姬如果有前傳，應該會很精彩。」

楚威王（趙文瑄飾）

生年不詳～前329年

身　分：君主
出生國：楚國

武力：★★★★★
智力：★★★★★
魅力：★★★★☆
統率：★★★★☆
評價：★★★★★

　　趙文瑄在劇中飾演楚威王，四處開疆拓土，心中只有雄圖霸業，連自己的兒女都不認得；這與他以往所飾演的角色大為不同，多了君王的霸氣。雖然只是配角，但他的演技卻令萬千觀眾折服。趙文瑄本人是個溫潤如玉的謙謙君子，原本在航空公司工作，從未接受正規表演訓練的他，三十二歲時卻因一口流利的英語被李安導演選中為《喜宴》男主角。出道二十多年，他的氣派和風度，不知迷倒多少影迷。

楚威后（姜宏波飾）

生卒年不詳

身　分：王后
出生國：楚國

武力：★★★☆☆
智力：★★★★★
魅力：★★★★☆
統率：★★☆☆☆
評價：★★★★☆

　　一部精彩的宮鬥大戲肯定不能缺少心狠手辣的反派，姜宏波飾演的楚威后就是這樣的要角，她溺愛自己的孩子，逼死向妃、莒姬，氣死楚威王，且數次欲置羋月姐弟於死地。雖然觀眾對楚威后恨得牙癢癢，但姜宏波自己卻感覺非常過癮：「對演員來說角色沒有好壞之分，努力詮釋好故事更重要。」姜宏波以前曾是職業排球選手，她將轉行看作是「命運中奇妙的偶然」。現實中的她與楚威后相差甚大，她笑稱：「電視劇播出之後，身邊的朋友都嫌棄我，他們不相信生活中那麼溫柔的一個人，怎麼能在戲裡那麼陰狠毒辣！我和所有女人一樣，喜歡逛街買衣服，去超市買食材回家煲湯，這是一種樂趣。」

楚懷王（曹征飾）

生年不詳～前296年

身　分：君主
出生國：楚國

武力：★★★☆☆
智力：★★★☆☆
魅力：★★★☆☆
統率：★★★☆☆
評價：★★★☆☆

　　曹征飾演的楚懷王是羋月同父異母的哥哥，英俊瀟灑、風流倜儻，但身上卻有異味且十分好色。有網友在他的微博上打趣：「隔著螢幕都能聞到楚懷王身上的異味！」曹征自己也說：「楚懷王是歷史上最有味道的王！」為了表現身上的異味，曹征演戲前就狂噴香水，直到膩煩為止，他說：「體味在螢幕上很難表現出來，只有噴到我都聞著膩了，來提醒自己原來還有這事呢！」而楚懷王色眯眯的眼神和痞痞的壞笑，也被網友大讚演技好。對於很多人都找他演反派，曹征並不擔心會被定性：「我並不在意演好人還是演壞人，而是在意這個角色給我的空間有多大。」

附錄二 歷史小事典

信史的開始——商朝

商朝的興衰
(1)建國：商湯伐夏桀，建立商朝。
(2)定都：早期經常遷徙，直到盤庚才定都於殷，後因長期政治安定，文化發展較前期迅速。
(3)末期：紂王時，朝政腐敗，加上經常對外用兵，耗損國力，被周武王所滅。

商朝的天文曆法
(1)已知日月蝕；一年三百六十五天，分十二個月，大月三十天，小月二十九天；置閏月。
(2)以天干地支記日。

商朝的宗教信仰
(1)商王經常以「龜甲獸骨」占卜諸事吉凶。
(2)商人祭祀先祖的觀念，成為中華文化重要的傳統。

甲骨文
(1)多占卜的紀錄。
(2)亦稱「卜辭」，是目前所知最早的文字，但非草創文字。

封建制度的建立——西周

實行封建的背景

(1)武王克殷後，定都鎬京。

(2)周公東征後，定都雒邑，周人勢力向東推進。

(3)對象：主要為姬姓親屬、姻親功臣、先聖後代。

(4)目的：武裝殖民、軍事占領→在戰略要地建立封國，鞏固周人勢力。

封建的內涵

(1)周天子為天下共主，對諸侯有制禮樂、征伐、冊封等權力。

(2)諸侯（公、侯、伯、子、男）對天子則有納貢、朝覲、出征等義務。

封建階層

(1)貴族：天子→諸侯→卿大夫→士。

(2)平民：多為農民（職業世襲），另有工商業者（貴族蓄養）。

(3)奴隸：犯罪之平民與戰俘。

宗法制度

(1)宗是祭祀先祖的廟宇，也稱宗廟。在同一宗廟舉行祭祀活動者，稱為宗族。同一宗族成員彼此的區分法則為宗法。

(2)宗法：嫡長子繼承制→確立嫡長子為法定繼承人。

(3)嫡長子為大宗，其餘子為小宗。若嫡長子為天子，其餘子則為諸侯；若嫡長子為諸侯，其餘子則為卿大夫。以此類推。

(4)宗子（嫡長子）有祭祖特權→達到尊祖的目的。

(5)意義：以宗廟事務凝聚全宗族人員，建立彼此之身分倫理。以家為基礎向外擴張之尊卑制度，使宗族活動與國家政治緊密聯合。

禮樂制度

(1)周朝開國之初，以武力擴張和制禮作樂的方式控制與穩定國家社會。禮樂為周王朝的建國根本。

(2)禮分吉、凶、軍、賓、嘉五種，各有相配之樂舞。依地位身分搭配適當之禮樂。

(3)從國事政治到社會生活，皆須按照禮樂制度進行，例如行朝覲之禮、行慶弔之禮、行聘問之禮等。

(4)目的：調和政治秩序與宗法社會，建立名實相符的政治與社會倫理。「禮不下庶人，刑不上大夫」。

井田制度

(1)建立封建制度之經濟基礎。

(2)土地公有，不能買賣。

(3)依「井」字之字形，將封地劃為九等份，中間為公田，其他為私田，由八家農民共同耕作，其中私田之收成歸於農民，而公田之收穫則歸於配授此田之貴族，農民須另繳田租。耕

種次序：先公田後私田。

(4)至西周中後期，土地已有私下賣買或轉讓之情況。

天命觀與人文精神

(1)商人「尚鬼」，周人則「敬天」，信仰至高天神，曰「上帝」。

(2)周人宗教重心，從「神」轉到「人」，從「敬天」進一步轉入「修德」。

(3)天命靡常：周人認為神意（天命）是根據人們行為表現而定的；人的行為倘若不合理，天命就會轉向他人。故周人告誡子孫「不可不監於有夏，亦不可不監於有殷」。

(4)周人除制禮樂外，還強調敬天保民；並使用人俑代替殺人殉葬的惡習。

東周的劇變

春秋戰國的局勢發展

(1)周幽王被殺：犬戎來犯，西周滅亡。

(2)平王東遷雒邑：禮崩樂壞、夷狄侵擾，周天子無力維持局面。

(3)春秋五霸：尊王攘夷，強大的諸侯出面維持秩序，如齊桓公、晉文公。

(4)大夫侵權：卿大夫侵奪諸侯權力，逕行稱王，進入戰國時代→三家分晉、田氏篡齊。

(5)戰國七雄：各國變法，富國強兵以追求新秩序（魏李悝、秦商鞅、楚吳起）。

(6)秦國統一：由變法最徹底的秦國統一中國，開創秦帝國。

從西周到東周的轉變

(1)封建與宗法制度→中央集權、郡縣制、布衣卿相，各國變法削弱貴族勢力。

(2)國人與野人→編戶齊民、戶籍制度。

(3)井田制度→土地私有、牛耕、鐵製農具、水利灌溉工程。

(4)助種公田→按畝納稅。

(5)禮樂制度→編撰法典，子產「鑄刑書」、李悝編法典。

(6)王官學→游士、處士、諸子百家，養士之風盛行。

(7)工商食官→工商業可自由經營，冶鐵、煮鹽、紡織均發達，

金屬貨幣出現。

(8)政治、軍事型都城→兼具經濟功能的大城市。

封建崩壞原因

(1)封建制度本身的缺陷：貴族擁有武力、土地、人民，周天子
難以掌控。

(2)宗法精神淡化：親親精神因地域、時間而疏遠淡化，終而
「禮崩樂壞」。

(3)周天子失德：厲王被逐，宣王用兵國衰，幽王用小人寵內
妾，引起犬戎之禍，西周亡。

平民崛起

(1)封建解體，貴族沒落。

(2)私人講學興起，平民受教育的人越來越多。

(3)各國競爭激烈，國君唯才是用。

(4)養士風氣盛行：「養士」為儲備人才、培養勢力的手段。結
果造成「布衣卿相」的局面。如：蘇秦、張儀、范睢皆成為
一國之相。

春秋戰國時期重要發展

商鞅變法

(1)首功制→以軍功取代宗法血緣關係，廢除貴族世襲。

(2)制定法律→取代禮樂制度。

(3)重農抑商→廢除井田制度，承認土地私有。

(4)戶籍制度→編戶齊民，消弭國人野人界限。

(5)郡縣制度→取代封建制度，為中央集權的展現。

農業發展

(1)採精耕細作之方式。

(2)魏襄王時期，引漳水灌溉鄴，使其變良田。

(3)秦昭王時期，郡守李冰父子修都江堰，使成都成為作物豐收
的天府之國。

商業發展

(1)商人地位提升，如呂不韋、白圭。

(2)使用金屬貨幣，徵收營業稅。

土地制度改革

(1)從井田制度轉為賜田政策，轉讓、分割、私墾情形頻繁。

(2)商鞅實行「廢阡陌，開井田」政策。

(3)賦役制度經過改良，人力運用活絡，對促進農業、商業、手
工業的發展大有助益。

春秋戰國時期的學術思想

百家爭鳴的背景
(1)貴族沒落→官府藏書及下層貴族流入民間。
(2)平民崛起→平民受教育機會大增、國君任人唯才。
(3)士人針對春秋戰國時代的失序提出解決辦法→百家爭鳴。

儒家
(1)孔子：
　　①政治上：正名、德治、仁政。
　　②教育上：有教無類→學術不再由貴族壟斷。孔子是第一位
　　　　將學術由貴族傳至民間的教育家。
(2)孟子：
　　①強調民貴君輕。
　　②主張人性本善。
(3)荀子：
　　①強調尊君隆禮，主張人性本惡。
　　②弟子為法家代表人物李斯、韓非。

墨家──墨子
(1)主張兼愛、非攻、節用。
(2)陳義過高，戰國後趨沒落。

道家

(1)老子：主張小國寡民、無為而治。

(2)莊子：齊死生，無入而不自得。

法家

(1)商鞅：重法派，主張依法行事。

(2)申不害：重術派，主張國君講求統御臣下之道。

(3)慎到：重勢派，主張提高人主威勢。

(4)韓非：集法家大成，治國之道，法、術、勢三者缺一不可。

陰陽家

(1)代表人物：鄒衍。

(2)主張五德終始，一切人事活動均可用五行解釋。

雜家

(1)代表典籍：呂氏春秋。

(2)融合各家所長，欲為秦國統一天下提供治國指導。

中國傳統文化之極致精華 盡在 古文觀止

作者：郭建球
定價：249元

博覽千古鴻篇巨制，吟味百家絕妙偉辭，

〈桃花源記〉、〈陋室銘〉、〈師說〉、〈留侯論〉

篇篇寓情達意、誠摯動人，兼容作家的政治思想、人生理念，

在在表現中國傳統文化的特色、真實社會的景象，

是一本文學價值極高的巨著

最精采的散文名篇，最精慎的編審講述，

是進入古典散文殿堂必備的精采好書。

在經典古籍中涵養性靈
一窺中國古典文學的堂奧

本書系旨在匯集中國古典文學的創作精華，
反映中國古典文學的最高成就，為讀者提供中國第一流的文學精品

唐詩三百首
編選／蘅塘退士
特價／149元

三字經
著／王應麟
特價／129元

成語故事
編著／張若勝
特價／139元

菜根譚
原著／洪應明 編撰
特價／129元

史記風雲榜～列傳傳奇
原著／司馬遷 編撰／古木
特價／160元

論語～智慧的語言
原著／孔子
編撰／孔子弟子口述
特價／180元

皇帝的故事～史記・本紀
原著／司馬遷 編撰／古木
特價／160元

王侯傳奇～史記
原著／司馬遷 編撰
特價／160元

古文觀止
作者／吳楚材、吳調侯
主編／郭建球博士
特價／180元

世說新語～史記・本紀
原著／劉義慶 主編／謝哲夫
特價／160元

左傳故事
原著／左丘明 主編／吳文龍
特價／160元

郵政帳號 500172
采舍國際有限公司
（郵撥請加一成郵資，謝

新絲路網路書店
www.silkbook.c
（上網訂購另有優惠嘍

透視絕世兵典的精髓妙義，
在人生的戰局裡，贏占先機。

書為匯集中國各地智士的謀略聖典，凝聚精妙無窮、變化莫測的思
與智慧，提供現代人生活的諸多啟發。

孫子兵法

編著：沈傑/萬彤
定價：250元
特價：99元

諸葛亮兵法

編著：沈傑/萬彤
定價：290元
特價：99元

劉伯溫兵法

編著：李天道
定價：220元
特價：99元

吳起兵法

編著：李天道
定價：290元
特價：99元

姜太公兵法

編著：李天道
定價：260元
特價：99元

曾國藩兵法

編著：李天道
定價：220元
特價：99元

鬼谷子兵法

編著：李天道
定價：220元
特價：99元

孫臏兵法

編著：李志農
定價：250元
特價：99元

時跨古今五千年，
涵容最眞摯的理性與感知

本系列書皆為中國古典名著，或讚揚崢嶸才士的智計謀略；或感男女之間的嗔怨痴戀；或描述人鬼仙狐的奇幻怪誕，篇篇高潮迭起、精彩不斷，形成中國文學史上連綿不絕的藝術高峰。

三國演義通俗本
定價：149元

水滸傳通俗本
定價：149元

紅樓夢通俗本
定價：199元

西遊記通俗本
定價：199元

聊齋志異通俗本
定價：199元

金瓶梅通俗本
定價：199元

封神演義通俗本
定價：199元

白蛇傳通俗本
定價：199元

航向穿越時光的幽洞
聽見歷史與文化磅礡奔放的迴響

🎞 典藏閣~煥彩人文系列

用一本書開創人生新格局

《20幾歲就做一件對的事》、《35歲前要做的33件事》、《45歲前做對九件事》、《給自己10樣人生禮物》等書如雨後春筍，無一不在提醒你：「儘快做好人生規劃！」

你的人生目標是什麼？

得到財富、名氣，還是環遊世界？

只要你對自己的人生有想法、對某一領域有熱情，你與成功世界就只差一道門，

而出書就是開啟那道門的鑰匙！

出書不只是你在特定領域專業的證明，更是你脫穎而出的舞台，

只要成為作家，條條大路為你開啟，

所有夢想都將伸手可及！

采舍國際出版集團領導人、同時也是台灣最具資歷的出版家

王擎天博士率八大出版社帶領你打造屬於你自己的那把鑰匙，成功企劃自己的未來，完成曾經以為遙不可及的夢想，創造無後悔的人生！

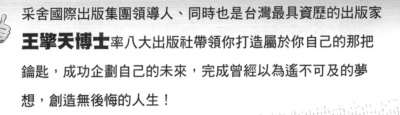

我們改寫了書的定義

著作人暨名譽董事長　王擎天
總經理暨總編輯　歐綾纖
發行人　王寶玲

法人股東　華鴻創投、華利創投、和通國際、利通創投、創意創投、中國電
視、中租迪和、仁寶電腦、台北富邦銀行、台灣工業銀行、國寶
人壽、東元電機、凌陽科技(創投)、力麗集團、東捷資訊

◆台灣出版事業群　新北市中和區中山路2段366巷10號10樓
TEL：02-2248-7896
FAX：02-2248-7758

◆北京出版事業群　北京市東城區東直門東中街40號元嘉國際公寓A座820
TEL：86-10-64172733
FAX：86-10-64173011

◆北美出版事業群　4th Floor Harbour Centre　P.O.Box613
GT George Town, Grand Cayman,
Cayman Island

◆倉儲及物流中心　新北市中和區中山路2段366巷10號3樓
TEL：02-8245-8786
FAX：02-8245-8718

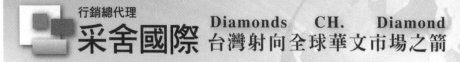

國家圖書館出版品預行編目資料

芈月傳——秦國史實全紀錄／王擎天 著.--

　新北市中和區：典藏閣，2016.1〔民105〕

　　面；　公分

　ISBN　978-986-87443-7-0（平裝）

　1. 秦史　2. 通俗史話

621.9　　　　　　　　　　　　　　　　104027765

～理想的推手～

理想需要推廣，才能讓更多人共享。采舍國際有限

公司，為您的書籍鋪設最佳網絡，橫跨兩岸同步發

行華文書刊，志在普及知識，散布您的理念，讓

「好書」都成為「暢銷書」與「長銷書」。

歡迎有理想的出版社加入我們的行列！

采舍國際有限公司行銷總代理

angel@mail.book4u.com.tw

全國最專業圖書總經銷

台灣射向全球華文市場之箭

典 藏 閣

芈月傳——秦國史實全紀錄

著 作 人▶王擎天		美 術 設 計▶陳君鳳	
總 編 輯▶歐綾纖		封 面 繪 圖▶劉 豐	
副 總 編 輯▶陳雅貞		內 文 排 版▶陳曉觀	
策 劃 主 編▶蔡靜慈		特 約 編 輯▶洪宜娟、巫伊平	

郵撥帳號▶50017206 采舍國際有限公司（郵撥購買，請另付一成郵資）
台灣出版中心▶新北市中和區中山路2段366巷10號10樓
電　　話▶ (02) 2248-7896　　　　傳真▶ (02) 2248-7758
I S B N　▶ 978-986-87443-7-0
出版日期▶ 2016年1月

全球華文市場總代理 / 采舍國際有限公司
地址▶新北市中和區中山路2段366巷10號3樓
電話▶ (02) 8245-8786　　　　傳真▶ (02) 8245-8718

全系列書系特約展示門市
新絲路網路書店
地址▶新北市中和區中山路2段366巷10號10樓
電話▶ (02) 8245-9896
網址▶www.silkbook.com

線上pbook&ebook總代理 / 全球華文聯合出版平台
主題討論區▶www.silkbook.com/bookclub　　● 新絲路讀書會
電子書平台▶www.book4u.com.tw　　　　　● 華文網雲端書城
紙本書平台▶www.silkbook.com　　　　　　● 新絲路網路書店

歡迎上擎天部落格瀏覽或討論您的觀點 chintian.pixnet.net

本書由著作人自資出版，委由全球華文聯合出版平台發行。採減碳印製流程並使用優質中性紙 (Acid &
Alkali Free) 與環保油墨印刷，通過碳足跡認證。